国际人权

保护机制中的临时措施研究

李霖 ◎ 著

河海大学出版社
HOHAI UNIVERSITY PRESS
·南京·

图书在版编目(CIP)数据

国际人权保护机制中的临时措施研究 / 李霖著. --南京：河海大学出版社，2022.12
 ISBN 978-7-5630-7878-3

Ⅰ.①国… Ⅱ.①李… Ⅲ.①人权-保护-研究-世界 Ⅳ.①D815.7

中国版本图书馆CIP数据核字(2022)第245690号

书　　名	国际人权保护机制中的临时措施研究
书　　号	ISBN 978-7-5630-7878-3
责任编辑	齐　岩
特约校对	李国群
封面设计	徐娟娟
出版发行	河海大学出版社
地　　址	南京市西康路1号(邮编：210098)
电　　话	(025)83737852(总编室)　(025)83722833(营销部)
经　　销	江苏省新华发行集团有限公司
排　　版	南京布克文化发展有限公司
印　　刷	广东虎彩云印刷有限公司
开　　本	718毫米×1000毫米　1/16
印　　张	8.5
字　　数	155千字
版　　次	2022年12月第1版
印　　次	2022年12月第1次印刷
定　　价	59.00元

序

国际人权保护机制中的临时措施作为一种人权司法机构或人权准司法机构实施的法律行为,曾被称为国际人权法最伟大的成就。此处,笔者结合《布莱克法律词典(第九版)》[①],将临时措施定义为:国际法院或是法庭,在案件审判结果作出之前,为保证诉讼的顺利进行而采取的措施。国际人权保护机制中临时措施[②]的含义是经过对上述内容的演变得来的:个人或个人团体一方认为对方当事国的某种行为造成其权利处于紧急且极端严重的情况,并且很可能造成不可恢复的损害时,个人或个人团体可向人权机构提出申请,人权机构据此所采取的一系列措施。在某些情况下人权机构也可以主动要求或指示临时措施。[③]

国际层面临时措施的诞生最早可以追溯至19世纪与20世纪的交替之际。其最初的目的并不是为了保护个人或个人团体的权利,而是为了保证案件审理的正常进行,以实现国际争端的和平解决。1899年与1907年在海牙召开的两次国际和平会议上,和平解决国际争端是重要议题之一,此议题中就涉及临时措施的相关问题,尤其是指示临时措施的权力归属。当时,临时措施的存在已经成为既定事实,唯一困扰学界的就是如何分配指示临时措施的权力。在《和平解决国际争端公约》与常设仲裁法院建立的相关文件中都无法在此问题上达到一致。

---

① 《布莱克法律词典(第九版)》中对"interim measure of protection"的含义作出了具体的规定,实质上"interim measure"与"interim measure of protection"含义基本相同,许多学者也并不将两者明确区分。在本文中,笔者结合了《布莱克法律词典(第九版)》中对"interim measure of protection"含义的规定,尝试对"interim measure"的含义作出说明。

② 非洲人权保护机制下,非洲人权和民族权委员会与非洲人权和民族权法院称此类措施为"Provisional Measures";美洲人权保护机制下,美洲人权委员会称此类措施为"Precautionary Measures",美洲人权法院称此类措施为"Provisional Measures";欧洲人权保护机制下,欧洲人权法院称此类措施为"Interim Measures"。另外,在早期的某些案例中(1927年德意志联邦共和国诉波兰)也曾采用"Provisional Measures"与"Precautionary Measures"的用法。虽然措辞不同,但含义实为一致的,在本文中笔者并不作区分,采用"Interim Measures"。

③ 有一点值得注意,国际法院的当事双方皆为国家,这与其他人权机构中的当事双方有差异,这也就造成了临时措施请求主体的不同。

第一次对指示临时措施权力作出界定是在1907年,《关于建立中美洲法院公约》①第18条规定,在争端解决的过程中,出于和平解决国家争端的意图,中美洲法院享有要求当事国保持"现状(status quo)"的权力。《布莱恩-查莫罗条约》吸收了《关于建立中美洲法院公约》中临时措施的相关规定,并作了适当的延伸,以用来维持美国与尼加拉瓜之间的和平局势。再后来,《常设国际法院规约》第41条中对临时措施作出了规定,临时措施以一个前所未有的高度在解决国际争端中发挥着重要的作用。其中规定:常设国际法院可依情势需要,有权指示任何临时措施以保护当事双方各自的权利。② 这一规定后来被《国际法院规约》吸收,被称为司法机制中维护和平不可或缺的一部分。自《国际法院规约》之后,临时措施的作用开始在很多领域发挥着重要的作用,并出现在形形色色的国际机构中。

目前为止,临时措施已经出现在众多的机构当中:投资协调委员会③、依《伯恩条约》而建的仲裁庭、欧洲安全与合作组织仲裁法庭;欧洲自由贸易联盟法院、南方共同市场法院、北美自由贸易协定法院、西非国家经济共同体法院、国际投资争端解决中心、常设仲裁法庭以及国际海洋法法庭。同时,临时措施还广泛存在于人权司法机构或人权准司法机构中,而本文所讨论的临时措施主要为人权司法机构或人权准司法机构中的临时措施。其主要机构有:联合国人权事务委员会、联合国禁止酷刑委员会、欧洲人权法院、美洲人权委员会、美洲人权法院、非洲人权和民族权委员会与非洲人权和民族权法院。④

二战之后,国际人权保护的发展基本是以联合国人权保护机制为核心,向其他区域性人权保护机制进行衍射,而欧洲人权保护机制则是区域人权保护机制

---

① 存在于1907—1918年。
② 常设国际法院指示的临时措施就已经开始重视人权的保护。例如,1927年德意志联邦共和国诉波兰、1933年德意志联邦共和国诉波兰,当然,保护人权并不是常设国际人权法院指示临时措施的最初目的。
③ 依据《美洲和平解决条约》而建立,《美洲和平解决条约》也被称作《波哥大公约》或《波哥大宪章》,1948年美国和拉丁美洲国家在波哥大召开的第九届泛美会议上通过,1951年12月生效。宪章规定美洲国家组织的任务是:巩固美洲大陆的"和平"与"安全",安排共同行动以对付"侵略";就成员间发生的政治、法律和经济问题寻求解决办法等。
④ 消除种族歧视委员会与消除妇女歧视委员会中也存在临时措施,因其与联合国人权事务委员会与联合国禁止酷刑委员会要求的临时措施较为雷同,此处不作讨论。

中发展较为完善与全面的。在临时措施方面，虽然《欧洲人权公约》①并没有像《美洲人权公约》那样为临时措施提供条约的法律支持，但欧洲人权保护机制中丰富的案例实践弥补了《欧洲人权公约》在临时措施方面的不足。

  1957年，欧洲人权委员会第一次以保护个人或个人团体的权利要求临时措施，这其实算是国际人权保护机制中诞生的第一例临时措施。1998年11月1日，《欧洲人权公约第11号议定书》的生效取消了曾经承担要求临时措施主要任务的欧洲人权委员会，使得指示临时措施的权力落到了欧洲人权法院的肩上。《欧洲人权公约第14号议定书》的生效对个人申诉制度的修改将欧洲人权法院置于欧洲人权保护机制的核心位置，欧洲人权法院在欧洲人权保护机制改革中走向了"漩涡"的最深处。《欧洲人权公约第15号议定书》主要涉及辅助性原则，以及将国内判决之后移送至法院的期限从6个月缩短至4个月。《欧洲人权公约第16号议定书》涉及国内最高法院或法庭可以向欧洲人权法院请求涉及《欧洲人权公约》的咨询意见。其中，《欧洲人权公约第15号议定书》于2021年8月1日生效，《欧洲人权公约第16号议定书》于2018年8月1日生效。

  目前，国际人权保护机制中的临时措施已经日趋成熟，即使在美洲与非洲人权保护机制中，临时措施也发挥着越来越大的作用，但临时措施自身仍然存在一些问题。例如，临时措施的附属性、要求或指示临时措施权力的分散、条约对临时措施规定的空白以及监督机制的不完善等问题。本文意图通过对国际各人权保护机制中临时措施进行研究，以发现解决此类问题的方案。因为，通过对国际各人权保护机制中临时措施的比较研究，可以发现不同人权保护机制中临时措施的优点，并对其是否可以在其他人权保护机制中推广、使用进行可行性讨论。此外，这种比较性研究能够发现国际人权保护机制中临时措施面临的问题，可以为后期临时措施的改革与发展确立方向。

  虽然国际人权保护机制中的临时措施在人权保护中的作用巨大，但亚洲人权保护机制中并不存在临时措施，这不得不说是一种缺憾。事实上，亚洲人权保护机制中时有侵犯人权的事件发生，而且这些侵犯人权事件的发生完全符合要求或指示临时措施的标准。正是因为亚洲人权保护机制中临时措施的欠缺才使得这些人权事件中个人或个人团体的权利得不到有效的保障，进而产生了严重

---

  ① The European Convention for the Protection of Human Rights and Fundamental Freedoms，缩写为ECHR，简称《欧洲人权公约》或者《欧洲公约》。《欧洲人权公约》并不是欧洲理事会所制定的唯一人权公约，《欧洲社会宪章》是欧洲理事会在1961年10月18日在都灵通过的，是欧洲理事会另一重要的人权文件。其他的人权文件还有《欧洲预防酷刑和不人道或有辱人格的待遇或处罚公约》、《保护少数民族框架公约》、《欧洲人权与生物医学公约》、《个人数据保护公约》和《欧洲文化公约》等。

的后果。因此，本书对亚洲人权保护机制中引入临时措施的必要性与可行性进行了讨论，并对可能面对的障碍进行了分析。由此，本书为亚洲人权保护机制建立完善的临时措施提供了重要的理论研究资料。

目 录

第一章 联合国人权保护机制中的临时措施 ………………………… 1
  第一节 国际法院指示的临时措施 ……………………………………… 1
    一、临时措施的特点 …………………………………………………… 1
    二、指示临时措施原始标准的界定 …………………………………… 4
    三、临时措施的法律约束力 …………………………………………… 9
    四、国际法院所指示的临时措施的宏观影响 ………………………… 13
  第二节 联合国人权机构中的临时措施 ………………………………… 16
    一、联合国人权事务委员会要求的临时措施 ………………………… 16
    二、联合国禁止酷刑委员会要求的临时措施 ………………………… 23
  第三节 国际法院指示的临时措施与联合国人权机构中的临时措施之比较
  ………………………………………………………………………… 28
    一、制度基础不同 ……………………………………………………… 28
    二、法律约束力的差异 ………………………………………………… 29

第二章 欧洲人权保护机制中的临时措施 ………………………… 31
  第一节 要求或指示临时措施的机构 …………………………………… 31
    一、欧洲人权委员会 …………………………………………………… 32
    二、欧洲人权法院 ……………………………………………………… 33
  第二节 临时措施的制度基础 …………………………………………… 35
    一、个人申诉制度与临时措施的并存与冲突 ………………………… 35
    二、国家间指控制度中产生临时措施之障碍 ………………………… 38
  第三节 指示临时措施标准内涵的重新定义 …………………………… 40
    一、个人申诉案件可受理性的忽略 …………………………………… 41
    二、紧急且极端严重的情势 …………………………………………… 42

　　　　三、可能遭受不可恢复性损害 ······ 42
　　　　四、临时措施标准举证责任的承担 ······ 43
　　第四节　临时措施的法律约束力 ······ 45
　　　　一、临时措施法律约束力来源 ······ 45
　　　　二、临时措施法律约束力的演变历程 ······ 48
　　　　三、临时措施法律约束力的持续时间 ······ 51
　　　　四、临时措施的适用范围及延伸 ······ 52
　　　　五、不遵守临时措施的原因 ······ 55

第三章　美洲与非洲人权保护机制中的临时措施 ······ 58
　　第一节　要求或指示临时措施的机构 ······ 59
　　　　一、美洲人权保护机制中要求或指示临时措施的机构 ······ 59
　　　　二、非洲人权保护机制中要求或指示临时措施的机构 ······ 64
　　第二节　临时措施的法律约束力 ······ 68
　　　　一、临时措施的法律约束力来源 ······ 69
　　　　二、人权委员会所要求临时措施的法律约束力 ······ 73
　　　　三、人权法院所指示临时措施的法律约束力 ······ 76
　　第三节　美洲和非洲人权保护机制中临时措施与欧洲人权保护机制中临时措施之比较 ······ 78
　　　　一、临时措施请求主体的缩减 ······ 78
　　　　二、要求或指示临时措施权力的分散 ······ 80
　　　　三、法律约束力的差异 ······ 82
　　　　四、适用频率与效率的减弱 ······ 82

第四章　亚洲人权保护机制中引入临时措施的讨论 ······ 85
　　第一节　引入临时措施之动因与可能性 ······ 86
　　　　一、引入临时措施之内外动因 ······ 86
　　　　二、引入临时措施的可能性 ······ 88
　　第二节　引入临时措施过程中的意识与现实障碍 ······ 92
　　　　一、亚洲困境中主权与人权意识层面之冲突 ······ 92
　　　　二、人权条约与人权机构的双重缺失 ······ 94
　　第三节　构建成熟亚洲人权保护机制，培植临时措施土壤 ······ 95
　　　　一、增强合作意识，减少干扰因素 ······ 96

  二、发挥亚洲次区域人权保护机制的推动作用 …………… 96
  三、对其他区域人权保护机制的借鉴 ………………………… 97
  四、我国在亚洲人权保护机制中的积极实践 ……………… 98

第五章　国际人权保护机制中临时措施的困境与出路 ………… 102
 第一节　临时措施之困境 …………………………………………… 102
  一、临时措施的附属性 ……………………………………… 102
  二、要求或指示临时措施权力的分散 ……………………… 103
  三、条约对临时措施规定的空白 …………………………… 105
  四、监督机制的不完善 ……………………………………… 106
 第二节　临时措施之出路 …………………………………………… 107
  一、增强临时措施的独立性 ………………………………… 107
  二、实现要求或指示临时措施权力的统一 ………………… 108
  三、增补条约对临时措施的规定 …………………………… 110
  四、完善相关监督机制 ……………………………………… 112

结论 ……………………………………………………………………… 119

主要参考文献 …………………………………………………………… 121

第一章
联合国人权保护机制中的临时措施

国际法院与联合国人权机构是联合国人权保护机制中享有要求或指示临时措施权力的重要机构。国际法院指示的临时措施涉及范围较广，在诸多领域发挥着重要的作用，其中包括人权领域，但又不限于人权领域。本书中所讨论的就是国际法院在人权领域指示的临时措施。同时，由于国际法院在人权领域指示的临时措施对联合国人权保护机制中的临时措施有着深远的影响，所以，笔者尝试将国际法院纳入联合国人权保护机制一并讨论，以突显国际法院所指示的临时措施的重要性。

本章除讨论国际法院指示的临时措施外，将以联合国人权事务委员会与联合国禁止酷刑委员会要求的临时措施为例，讨论联合国人权机构中的临时措施。

第一节　国际法院指示的临时措施

国际法院指示的临时措施比常设国际法院指示的临时措施更重视人权的保护。虽然《国际法院规约》第 41 条第 1 款[①]中并没有直接强调国际法院指示临时措施对人权的保护，但国际法院指示的临时措施在人权保护中确实发挥着越来越大的作用。

一、临时措施的特点

（一）预防性与保护性兼具

临时措施作为保障基本人权的一种工具，其职能的体现方式是预防性的，也

---

① 《国际法院规约》第 41 条：(1)法院如认情形有必要时，有权指示当事国应行遵守以保全彼此权利之临时办法；(2)在终局判决前，应将此项指示办法立即通知各当事国及安全理事会。

就是在损害发生之前发挥效用,而不是在损害发生之后对其所受侵害进行补偿,这就使得临时措施能够实现较大的成本收益。从目前全球大规模的人权侵害事件可以看出,预防的成本远远少于灾难发生之后的补偿花销,换句话说,临时措施的预防功能比司法机构最后判决的补偿功能更加重要。虽然临时措施的预防作用并不必然实现权利的零损害,但大部分国家在面对临时措施时都会有所犹豫,这也可以给个人或个人团体争取必要的时间来采取措施,以降低相关国家对其权利可能造成的危害,而判决却无法做到这一点。

从一个理想的角度出发,国际法院指示的临时措施如果能够完全被当事人双方遵守,就会达到一种无损的原始权利状态,而一旦人权受到侵犯后,法院的判决一般无法恢复当事人双方的原始权利状态。当然,在物质权利受损时,法院的判决确实可以帮助权利人恢复权利的原始状态,但现实是临时措施所适用的案件几乎不涉及物质权利。所以,从个人或个人团体的权利维护角度来看,临时措施的预防性也是极其有效的。

其实,预防性只是临时措施的表象,绝非实质,而临时措施的实质是为了保护权利,所以临时措施应该是预防性与保护性兼具的。因为任何法律措施的实施目的归根到底都是为了保护权利,而只有部分法律措施是具有预防性的。换句话说,保护性是法律措施的普遍性,其所体现的是法律措施的共性。实际上,各人权保护机制中的临时措施本身都具有很强的保护性,其目的都是为了保护处于紧急且极端严重情势下的人权免受不可恢复的侵害。而预防性则能体现临时措施的特性,所以此处临时措施的预防性突出直接作用,而保护性突出宏观主旨。

不过临时措施在发挥其预防作用的过程中也存在一个问题:国际法院指示的临时措施所依据的只是部分的资料,而不是基于全部资料。这就说明了国际法院指示的临时措施很可能存在漏洞,甚至会出现重大错误。或许国际法院正是清醒地认识到了这一点,所以其对临时措施的态度也较为谨慎。值得庆幸的一点是,临时措施的低成本、高收益以及较强的预防性与保护性职能并没有被国际法院"肆无忌惮"地滥用。

(二)人本化

对于国际法上的人本化,目前尚没有达成高度一致的概念。美国一位颇有影响力的国际法学者认为:人本化主要是指国际人道法与国际人权法的产生和发展过程给整个国际法带来的影响和变化。但是这种影响或者变化包含的内容到底是什么,这位学者并没有给出明确答案。国内著名的国际法学者就此作出了这样的定义:国际法的人本化,主要是指国际法的理念、价值、原则、规则、规章和制度越来越注重单个人和整个人类的法律地位、各种权利和利益的确立、维护和实现。[1] 该学者总结国际法的人本化有以下两个特征：第一，国际法人本化表明的是一种国际法状态，更重要的是也预示着国际法的发展趋势：既有已经存在的原则、规则与价值，又有新的人本化价值观的出现；第二，国际法人本化的主体和对象应该具有很强的广泛性，包括整个人类，无论是个体还是个人团体。而国际人权保护机制中的临时措施含义为：个人或个人团体一方认为对方当事国的某种行为造成其权利处于紧急且极端严重的情况，并且很可能造成不可恢复的损害时，个人或个人团体可向人权机构提出申请，人权机构据此所采取的一系列措施。在某些情况下，人权机构也可以主动指示临时措施。[2] 从临时措施的含义便可以发现，临时措施的目的与宗旨便是保护个人或个人团体的权利。所以，在某种程度上，临时措施的目的、宗旨以及作用确实与人本化的主旨不谋而合。

此外，临时措施保护目的的演变也说明了临时措施的人本化特征。最初，国际层面上临时措施的目的与宗旨是为了保证案件的顺利进行，以实现国际争端的和平解决。其关注的重点在于如何实现和平，如何避免大规模战争的爆发，基本是从宏观角度出发。后来，随着自身的不断发展，临时措施开始慢慢超出国际法院，在更多机构中发挥作用，临时措施的功能也有所扩展。直到现在，国际人权保护机制中的临时措施，其关注的重心转移到个人或个人团体权利的保护。保护个人或个人团体的权利已经成了临时措施的主要目的。临时措施的这种发展与演变过程就说明了人权保护在国际法发展中占据越来越重要的地位，受到越来越多人的关注。所以，临时措施不断倾向人权保护的发展趋势也体现了临时措施人本化的特点。

（三）进化性

临时措施作为一项措施或是制度，其本身随着时代的推移以及法治精神的深入也在慢慢地发生变化，这一过程与生命体为了适应外界环境变化所进行的进化是一样的。临时措施只有不断进化，才能不因"环境"的变化而消失。其中，临时措施人本化倾向的不断加深是其进化性表征之一，另一个表征则是临时措施约束力的加强。最开始，国际法院指示的临时措施因不涉及对案件实体问题的判断，不被看作正式的判决，所以法律约束力具有很大的不确定性，这其实也是全球各人权保护机制下临时措施面临的共同问题。

在典型的国际法案例拉格朗案中，国际法院坚持其在案件中指示的临时措

---

[1] 曾令良. 现代国际法的人本化发展趋势[J]. 中国社会科学，2007(1)，89-103+207.
[2] 有一点值得注意，国际法院的当事双方皆为国家，这与其他人权机构中的当事双方有差异，这也就造成了临时措施请求主体的不同。

施具有法律约束力,认为其指示的临时措施切实地创立了法律上的义务,国家应当毫无疑问地遵守,不应当将国际法院指示的临时措施看作劝告性的。在本案中,德国声称,由于美国未履行通知义务,使其未能根据《维也纳领事关系公约》第5条和第36条规定,在美国法院审判和上诉阶段保护其国民的利益。[①] 因此,德国要求国际法院指示临时措施保护其本国国民。面对国际法院指示的临时措施,美国依然无视,其后对瓦尔特·拉格朗执行了死刑。为此,国际法院于2001年6月27日公开作出判决,最后以13票对2票,裁决美国违反了1993年国际法院指示的临时措施中规定美国应当遵守的义务。[②] 其中,小田法官始终坚持临时措施的传统概念,认为国际法院在本案中以保护人权为目的指示的临时措施是不恰当的,这一观点确实值得思考。自此之后,国际法院不断重申《国际法院规约》第41条对临时措施的重要意义。

随着自身的不断发展,临时措施在两方面发生了变化。第一,临时措施的制度越来越精细、越来越复杂,这就如同蓝藻到单细胞生物再到哺乳类动物的进化。这种自身的精细化与复杂化都是适应生存而进化来的。第二,临时措施法律约束力的加强。临时措施法律约束力其实就是一种对抗"恶劣环境"的武器,而所谓"恶劣环境"就是无视临时措施法律约束力的国家。为了适应"恶劣环境"的挑战,临时措施的法律约束力也在发展中不断地得到强化,这也是临时措施进化的体现。

总而言之,临时措施并不是一成不变的,条约的重新缔结、人权机构的调整以及丰富的案例实践都是"推手",推动着临时措施不断地成长,不断地实现自身的发展与进化。

二、指示临时措施原始标准的界定

国际法院曾有过这样的表达,国际法院有权力对提交法院之前的案件指示临时措施,以保护当事双方的权利,但国际法院指示临时措施的前提条件是:司法程序中争议的事项很可能会造成对个人或个人团体权利不可恢复性的损害。由此可以得出,国际法院指示临时措施必须符合一定的标准。

根据《国际法院规约》的规定,指示临时措施的标准是"情势需要"。国际法院将"情势需要"解释为:紧急且严重,或可能造成不可恢复性的损害。此简短精

[①] 邵沙平,冯雅囡. 国际法院指示临时措施法律问题研究[J]. 外交评论(外交学院学报),2012,29(2):143-149.

[②] 参见国际法院向联合国大会提交的2000—2001年度报告,《联合国大会正式记录第56届会议补编第4号》(A/56/4),第19,278-280段。

炼的解释赋予了国际法院足够的弹性空间,使得国际法院在后来的判决中不断地丰富与发展临时措施的实施标准。国际法院指示临时措施标准的确定,为其他人权保护机制中人权机构要求或指示临时措施树立了最初的标准。后来,随着各人权保护机制中临时措施实践的丰富,这些最初的标准被赋予了新的含义。

(一)对案件享有初步管辖权

双方当事国只有提前或事后通过协议,在协商一致的前提下才可以将案件提交国际法院,而根据《国际法院规则》规定,临时措施请求的提出一般是在案件的审理过程中。国际法院面对当事国提出指示临时措施的请求时,一般会举行听证或是通过其他程序了解案件,以便决定是否指示临时措施。这一过程其实就是国际法院判断其对案件是否具有初步管辖权。例如,在核试验案中,国际法院就从侧面解释了初步管辖权:面对当事国一方提出的临时措施请求,国际法院并不需要对案件的可受理性作出判断,但如果另一方当事国有明确证据可以证明国际法院对该案并不享有诉讼管辖权,则国际法院无权指示临时措施。[①] 换句话说,只要没有明确的证据证明国际法院对案件不享有诉讼管辖权,国际法院对案件就享有所谓的初步管辖权。

其实国际法院对案件享有初步管辖权可以从两个方面理解:其一,当事双方主要为国家,而不可能有个人作为一方当事人的情况出现。国际法院诉讼管辖的案件中绝对不可能出现个人起诉某一国家的情况,因为一旦国际法院承认一方当事人为个人,就使得另一当事方有足够的证据证明国际法院对案件不享有诉讼管辖权。其二,国际法院对初步管辖权的判断并不会对案件诉讼管辖权以及最后案件判决结果造成影响,而且这一过程是非常简短与迅速的。

造成初步管辖权与诉讼管辖权分裂的关键原因就在于确定两种管辖权所需的时间不同。为了避免紧急且极端严重的情势造成不可恢复性的损害,国际法院需要在极短的时间内,依靠不完整的信息作出是否享有初步管辖权的判断。除非有明确的相反证据证明国际法院不享有诉讼管辖权,否则一般认为国际法院享有初步管辖权。诉讼管辖权的确定则耗时较长,而且程序严格正规,这明显不利于国际法院通过指示临时措施保护人权。

(二)紧急且极端严重的情势

从一般理解来看,"紧急"是指若不采取措施随时可能发生严重的后果,"极

---

① Malcolm D. Evans 教授曾称,"国际法院在指示临时措施的过程中,必须将国际法院是否对案件实质问题享有管辖权作为重要的考量因素之一……当然也不能因为当事一方对实质问题管辖权的异议而否定国际法院指示临时措施的权力",只有在"明显没有管辖权时,或管辖权受到重大的质疑时,国际法院则应当拒绝指示临时措施"。

端严重"是指情势严重,可能产生超出一般预期的严重后果。

国际法院曾经通过核试验案对紧急且极端严重作出过解释。此案中,澳大利亚与新西兰要求国际法院指示临时措施,禁止法国在国际法院作出判决之前继续进行核试验。随后法国表示,虽然有个别国家对其核试验的行为进行抗议,但是法国自身并不会停止在太平洋地区的核试验。国际法院认为法国已经明确表示以后有继续进行核试验的可能,所以未来存在核试验的可能性,而核能量因为本身的危害性与不可控性,国际法院将其认定为"紧急且极端严重的情势"。国际法院要求法国停止进一步的核试验,以避免发生核泄漏危害澳大利亚与新西兰。在墨西哥诉美国案中,国际法院发现,虽然墨西哥人被执行死刑的日期并不确定,但是其后续几个月内甚至是几个星期内,他们均有被处死的可能,最后,国际法院基于保护人权的考虑一致通过指示临时措施的决定。在某些死刑案件中,由于国家一般以秘密的方式执行死刑,所以即使在执行死刑的日期并不明确的情况下,也可以看作紧急且极端严重的情势。例如,在斯塔斯诺维奇诉白俄罗斯案中,因为当时的白俄罗斯一般采取秘密方式对死刑犯执行死刑,所以联合国人权事务委员会在没有获悉准确执行死刑日期的前提下作出指示临时措施的决定。

在刚果民主共和国诉比利时案中,国际法院从侧面指出了哪些情况不属于"紧急且极端严重的情势"。此案中,刚果民主共和国外交部长因为发布煽动种族冲突的信息,比利时对其颁发拘捕令。刚果民主共和国请求国际法院指示临时措施并撤销比利时政府颁发的拘捕令,刚果民主共和国主张外交人员有权利在境外自由地旅行而免于对拘捕的恐惧,声称外交部长所面临的即将被逮捕的处境为紧急且极端严重的情势。但是国际法院认为这样并不构成所谓的紧急情势,对刚果民主共和国临时措施的请求予以拒绝。国际法院认为比利时对刚果民主共和国外交官签发的拘捕令,虽然违背了国际法中外交人员豁免权的相关规定,但比利时的行为不构成紧急情势。从上述案例可以看出,所谓的"紧急且极端严重的情势"完全是由国际法院自行判断,而国际法院为了尽可能地保护人权,有时会扩大"紧急且极端严重的情势"的解释。当然,国际法院所作出的解释与一般意义上的"紧急且极端严重的情势"并没有太大差别。

此外,如果临时措施请求主体提出临时措施请求之后,国际法院认为并不存在紧急且极端严重的情势,将会拒绝采取临时措施。例如,在瑞士诉美国案中,瑞士要求国际法院指示临时措施禁止美国出售股票,美国声称其出售股票的行为只是正常的经济行为。最后国际法院认定,此案中美国声称出售股票的行为对瑞士来说确实不能算紧急且极端严重的情势。

（三）可能遭受不可恢复性损害

所谓不可恢复性损害就是指损害发生之后，法律中并没有规定有效的措施或方法对产生的损害进行弥补，多指生命、健康等权利。因为个人基本权利具有很强的人身属性，一旦发生损害，很难通过补偿恢复到最初的原始状态。例如，在美国驻德黑兰外交和领事人员案中，国际法院认为美国驻德黑兰大使馆被入侵，以及美国外交及领事人员被扣押为人质的事件很可能造成不可恢复性的损害，于是便指示伊朗采取临时措施。此处，国际法院认定生命以及人身自由所遭受的损害为不可恢复性损害。

其实"不可恢复性损害"是大部分人权的特征，也体现了人权与财产权的本质区别。正是因为临时措施所关注的案件主要是人权受侵害的案件，才使"可能遭受不可恢复性损害"成了国际法院指示临时措施的标准之一。换句话说，正是因为人权受侵害之后无法恢复最初的完美状态，才使得国际法院在指示临时措施时格外地关注是否会有"不可恢复性损害"的发生。

此外，国际法院指示临时措施具有一定的风险性，因为国际法院作出指示临时措施所依据的材料并不全面、不完整，所以很可能出现错误。因此，从成本的角度出发，只有在国际法院指示临时措施所消耗的成本远远低于后期获益时，才有指示临时措施的必要性。就"避免了不可恢复性损害"与"可通过正常渠道获得完美补偿的损害"两种情况而言，自然是有效避免"不可恢复性损害"所消耗的成本更少。其实，从美国驻德黑兰外交和领事人员案、墨西哥诉美国案以及刚果民主共和国诉比利时案中都可以看出，国际法院保护的都是处于"紧急且极端严重的情势之下，可能遭受不可恢复性损害"的人之基本权利。其中，对"可能遭受不可恢复性损害"并没有明确的界定，国际法院也不会去刻意评判所谓的"可能遭受不可恢复性损害"，因为案件中所涉及的权利属性已经决定了是否"可能遭受不可恢复性损害"。

（四）前置的听证程序

对于听证程序存在的必要性，各国一直争论不休。同意存在的一方认为这样可以避免因临时措施滥用而损害对方当事国的利益；不同意存在的一方则认为听证程序反而成了阻碍国际法院保护人权的壁垒，延长了国际法院指示临时措施的时间。《国际法院规则》[①]第74条第3款规定，如果临时措施请求提出时，法院未处于开庭阶段，法院或院长可以确定一个听证日期，给当事方陈述的机会。在听证程序结束之前，对于听证中的当事人所陈述的内容，法官将予以考

---

① 《国际法院规则》采用"Interim Protection"。

虑。这是听证程序作为国际法院指示临时措施标准的重要法律依据。

在拉格朗案之前,国际法院一直存在临时措施前置的听证程序,无一例外。但此案中的临时措施所意图保护的受益者面临即将被处决的风险,时间上的紧迫使得国际法院放弃听证而直接指示临时措施。这是国际法院第一次未举行听证就直接指示临时措施,为此施韦贝尔法官提出疑问:未经正当的听证程序是否与当事人双方程序平等这一基本原则相悖?其是否会影响指示临时措施的公正性?实际上,国际法院指示的临时措施确实会对双方的权利状态产生非常大的影响,基于此原因以及对程序原则的尊重,前置听证程序的设立也是十分有必要的。虽然有学者认为在十分紧急的情况下召开听证存在很大困难,但现在是信息网络发达的时代,信息的交互也变得十分迅捷,当事国以及国际法院完全可以采取视频听证、电话听证等方式。此外,国际法院也可以通过完善《国际法院规则》或发挥判例的补充作用,为前置听证的顺利进行提供更强的法律支持。

国际法院经过前置听证之后的指示临时措施应该成为一种常态,但是在进行听证时,国际法院也应该注意以下几点:①通知义务。国际法院在接受当事国指示临时措施的请求之后,应及时通知对方当事国这一情况,并告知其听证的相关事宜,例如,举行听证的时间、地点以及需要其准备的材料。其目的是保证听证程序的公正性。②听证形式的多样性。听证的目的无非是为了尽可能地获得信息,以避免国际法院在指示临时措施时出现错误,所以国际法院在举行听证时没必要固守传统的面对面的听证方式。传统的听证方式要求双方当事人出庭,这对国际法院以及双方当事国而言是非常困难的,即便是等到双方当事国有时间派外交代表出席听证会,此时再指示临时措施,其所发挥的作用估计就大打折扣了。因此,国际法院应该尽可能地通过多元化方式获取更多的信息,以保证指示临时措施的公正、公平。其实,网络以及其他即时通话视频工具的应用可以很好地帮助听证的顺利开展,还能保证国际法院指示临时措施的效率。

综上所述,国际法院指示临时措施的标准如下图所示:

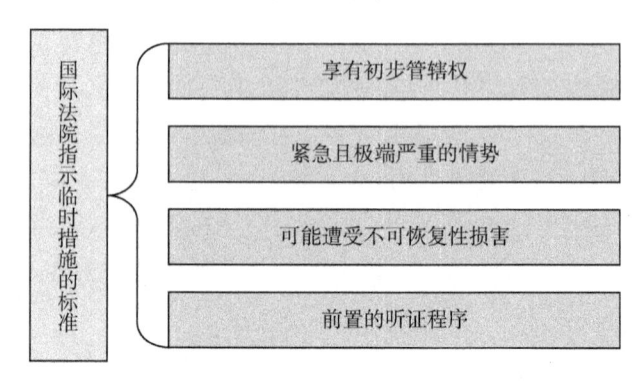

国际法院指示临时措施的标准
- 享有初步管辖权
- 紧急且极端严重的情势
- 可能遭受不可恢复性损害
- 前置的听证程序

国际法院指示临时措施标准的确定对其他人权保护机制中要求或指示临时措施标准的确定意义非凡。目前，欧洲、美洲与非洲人权保护机制中要求或指示临时措施的标准基本沿用国际法院指示临时措施的标准，只是因各人权保护机制自身的不同而有细微的变化。

三、临时措施的法律约束力

《国际法院规约》、《国际法院规则》以及国际法院的一些判例作为国际法院指示临时措施的法律依据，为国际法院所指示临时措施法律约束力的发展作出了巨大的贡献。随着时间的推移，国际法院自身以及学者开始就临时措施的法律性质展开了讨论，临时措施的法律约束力也慢慢从"软"走向"硬"。

（一）临时措施的法律约束力来源

国际人权保护机制中临时措施的相关规定一般存在于人权条约或是程序规则之中，而这些人权法律文件的法律效力高低自然也会对临时措施的法律性质与效力产生影响。

国际法院所指示的临时措施的法律约束力主要来源于《国际法院规约》，其中第41条规定：(1)法院如认情形有必要时，有权指示当事国应行遵守以保全彼此权利之临时办法；(2)在终局判决前，应将此项指示办法立即通知各当事国及安全理事会。而《国际法院规约》的性质到底为何？是人权条约还是国际法院运行所依据的程序规则或是其他文件？其实，《国际法院规约》是《联合国宪章》的一部分，这也就说明国际法院指示临时措施的法律基础实质为《联合国宪章》，这无疑增强了国际法院所指示的临时措施的法律约束力。

与此同时，作为国际法院具体运行指导的《国际法院规则》[①]第73条至第78条对国际法院指示临时措施的问题作了详尽的规定，可以看作国际法院指示临时措施的法律约束力来源之一。第73条规定，在案件审判的过程中，当事一方应当以书面的形式向国际法院提出临时措施的请求，并说明原因以及国际法院不指示临时措施可能发生的后果。此外，国际法院应当将临时措施的书面申请复件递交给另一方当事国。第74条规定了国际法院应当优先处理当事方提出的临时措施请求，如果收到临时措施请求时，未处于开庭状态，院长应当及时召集法官将此事作为紧急事件予以处理，并规定了听证程序。第75条赋予了国际法院在指示临时措施方面的主动权。第76条规定了临时措施的变更与撤销。第77条规定了国际法院应当将指示临时措施的决定通过联合国秘书长转交联

[①] 1978年7月1日生效。

合国安全理事会。第 78 条规定了国际法院可以要求相关国家将执行临时措施的信息提交给国际法院。

另外,国际法院在部分案件中的判决在某种程度上也对临时措施法律约束力的强化起到正面的积极影响。例如,在前面讲到的拉格朗案中,国际法院明确提出了临时措施应具有法律约束力,相关当事国应当遵守临时措施对当事国附加的义务。另外,在 1999 年 6 月 23 日发生的刚果民主共和国诉乌干达案中,国际法院于 2005 年 4 月 11 日至 29 日对案件进行了听讯。[①] 同年 12 月 19 日,国际法院作出判决,认定乌干达共和国未遵守国际法院 2000 年 7 月 1 日指示的临时措施,再次强调了临时措施的法律性质以及法律约束力。从某种程度而言,国际法院的此类判例可以看作对临时措施法律约束力的补充。

其实,《国际法院规约》《国际法院规则》以及国际法院在长期司法实践中积累的案例都可以被看作临时措施的法律约束力来源。《国际法院规约》赋予了国际法院指示临时措施的权力,从宏观层面规定了临时措施的大方向,而后续国际法院的判例则细化了临时措施的某些具体问题,增加了临时措施的实用性与操作性。

(二)临时措施法律约束力的演变

1999 年的拉格朗案对国际法院指示的临时措施带来了重大的影响,对临时措施法律约束力的影响尤为突出。

此案中,德国公民卡尔·拉格朗和沃尔特·拉格朗于 1982 年 1 月 7 日因涉嫌抢劫银行以及谋杀,被美国亚利桑那州警方逮捕。在逮捕过程中,亚利桑那州警方并未告知他们可以依据《维也纳领事关系公约》所应享有的与本国领事联系并获得相应救助的权利,也未将逮捕二人的情况告知德国驻美国的大使馆或领事馆。1984 年 2 月 17 日,拉格朗兄弟二人被起诉并在亚利桑那州高等法院接受审判,同年 12 月 14 日,被法院判处死刑。时隔十五年之后的 1999 年 2 月 24 日,卡尔·拉格朗被执行死刑。此时,德国已经与美国就此案件交涉多次,美国始终态度强硬。1999 年 3 月 2 日,沃尔特·拉格朗被执行死刑的前一天,德国以美国违反 1963 年 4 月 24 日签订的《维也纳领事关系公约》为由,向国际法院提起针对美国的诉讼,德国声称,美国未能遵守《维也纳领事关系公约》,使得其未能依据《维也纳领事关系公约》第 5 条与第 36 条对当时正在接受亚利桑那州高等法院审判的二人的权利进行保护。同时,德国向国际法院提出临时措施请

---

① 参见国际法院向联合国大会提交的 2005—2006 年度报告,《联合国大会正式记录第 61 届会议补编第 4 号》(A/61/4),第 23-30 页。

求,请求国际法院采取临时措施,以保证在国际法院对本案作出最终判决之前,美国中止对沃尔特·拉格朗执行死刑。而且,德国很好地利用了"紧急且极端严重的情势"以及"不可恢复性的损害"这两条标准,表示美国已经对卡尔·拉格朗执行了死刑,很有可能对沃尔特·拉格朗继续执行死刑,国际法院如果此时不采取临时措施阻止美国,所产生的后果是无法通过补偿机制来恢复其完美状态的。即使德国最后胜诉,生命的逝去也是无法挽回的。1999年3月3日,也就是德国向国际法院起诉美国的第二天,同样也是美国原定执行沃尔特·拉格朗死刑的日期,国际法院指示临时措施,要求美国在国际法院作出最后判决之前不得执行死刑,必须保证沃尔特·拉格朗的生命安全。对此,美国首席检察长以一封简短的信通知美国最高法院"国际法院指示的临时措施并不具有约束力,不可以作为减刑的依据"。德国依据国际法院指示的临时措施向美国最高法院提起诉讼,要求执行临时措施。最后,美国仍然拒绝执行临时措施,并按照亚利桑那州高等法院的判决执行了沃尔特·拉格朗的死刑。①

对于美国无视国际法院所指示临时措施的行为,德国提请国际法院,要求国际法院对美国这一行为作出裁定,并声明:美国未采取一切可能的措施,确保在国际法院作出最终判决之前不得处决沃尔特·拉格朗,实际上美国违反了临时措施所附加的国际法律义务。针对德国的这一请求,问题的核心在于,国际法院指示的临时措施是否具有法律约束力。美国在抗辩中提出,国际法院指示临时措施的措辞和其他具有法律约束力的判词是不同的,美国认为国际法院在指示临时措施时更多是商量的语气,而这些措辞就决定了临时措施仅仅具有建议性而不具有法律约束力。美国甚至不遗余力地对《国际法院规约》第41条、《联合国宪章》第94条以及国际法院的案例进行说明与解释,意图来否定国际法院所指示临时措施的法律效力。面对美国的这种行为,国际法院依据《维也纳条约法公约》第33条第4款,同时结合《国际法院规约》制定之初的目的与宗旨对《国际法院规约》第41条进行扩大解释。国际法院指出,《国际法院规约》的目的和宗旨是希望国际法院能够通过作出有法律约束力的判决,以司法形式解决国际争端。如果国际法院指示的临时措施不具有法律约束力,实际上就不仅违背了《国际法院规约》第41条的目的和宗旨,也违背了《国际法院规约》的目的与宗旨。②

---

① 参见国际法院向联合国大会提交的2000—2001年度报告,《联合国大会正式记录第56届会议补编第4号(A/56/4),第265-271段,第32-33页。

② 邵沙平.国际法院新近案例研究(1990—2003)[M].北京:商务印书馆,2006.

国际法院于2001年6月27日公开作出判决,最后以13票对2票,裁决美国违反了1993年国际法院所指示的临时措施中规定其应当遵守的义务[①],并且国际法院得出对后续判决具有很强指导意义的结论:

基于情势需要,国际法院享有指示临时措施的权力,也正是国际法院所享有的指示临时措施的权力决定了临时措施的法律约束力。

此案之后,国际法院坚持其在案件中指示的临时措施具有法律约束力,并切实地创立了法律上的义务,国家应当毫无疑问地遵守,不应当将国际法院所指示临时措施的内容看作劝告性的。自此之后,国际法院不断重申《国际法院规约》第41条中临时措施的法律约束力。

国际法院指示的临时措施就像一个孩童一样从"柔弱"走向了"坚强",从"稚嫩"走向了"成熟",这一过程充满了痛楚与艰辛。美国在临时措施法律约束力演变的过程中发挥了特殊的作用,拉格朗案中美国面对国际法院指示的临时措施,其表现出的冷漠态度深深刺痛了国际法院自尊而敏感的神经,而有的学者甚至认为德国只能通过谴责美国来获得所谓的胜利。国际法院发现美国的行为很可能会引起一连串的反应,所以在最后判决中略显强硬,不过这一做法确实引起各区域人权保护机制中临时措施革命性的变革。就如同一句俗语所说,"这个世界离不开恶,恶能映衬善,恶能唤起善",而美国恰恰就在临时措施变革中担任了特殊的角色。

(三)临时措施法律约束力的持续时间

对于临时措施的效力持续的起止时间虽没有明确的规定,但实际上国际法院以及其他人权机构对临时措施的起止仿佛都有约定俗成的做法。起始时间一般是从对方当事国获悉国际法院指示临时措施时算起,因为需要国际法院指示临时措施的案件一般都是紧急且极端严重的案件,所以大多采用电话、传真或是其他即时通信工具,所以对方当事国获知国际法院指示临时措施的决定是比较容易确认的。有时国际法院也可能通过邮件等方式告知对方当事国指示临时措施的决定,此时一般以邮件进入对方系统的时间算起,这一点与大部分国内法院送达与通知的程序相一致。

临时措施的终止时间的认定一般可以分为两种情况:①自然中止。造成紧急且极端严重情势的危险消除时,临时措施便没有存在的必要了,故自然终止。②被迫终止。根据《国际法院规则》第76条规定,当事国亦可以要求国际法院撤

---

① 参见国际法院向联合国大会提交的2000—2001年度报告,《联合国大会正式记录第56届会议补编第4号》(A/56/4),第19、278-280段。

销或更改其已指示的临时措施。国际法院首先审查该国对临时措施的遵守情况,然后对临时措施所依据的要件以及情势进行审查,作出是否撤销或更改临时措施的决定。如果国际法院最后依据当事国的申请撤销或是更改了已指示的临时措施,则临时措施因国际法院的行为而被迫终止。

四、国际法院所指示的临时措施的宏观影响

（一）对其他人权保护机制中临时措施的影响

国际法院指示的临时措施从诞生之初到现在,无时无刻不影响着其他人权保护机制下的临时措施。

（1）在临时措施含义与标准方面。其他各人权保护机制下临时措施的含义基本都演变自国际法院所指示的临时措施的含义,在要求或指示临时措施的标准上也如出一辙。例如,紧急且极端严重的情势、可能遭受不可恢复性损害等。虽然,国际法院指示的临时措施并不只限定于人权领域,但国际法院指示的临时措施确实在人权保护机制中发挥着重要的作用。可以说,欧洲、美洲与非洲人权保护机制中的临时措施都在一定程度上受到国际法院所指示的临时措施的影响,尤其是在临时措施的含义与标准方面。

（2）在临时措施法律约束力方面。拉格朗案是国际法院所指示的临时措施的法律约束力之争最具有革命性意义的案件。该案中,国际法院对临时措施的法律效力作出了肯定的判决,并且明确指出美国的行为构成了对临时措施规定义务的违反。2005年,在马塔库洛夫与阿斯卡诺夫诉土耳其案中,欧洲人权法院效仿国际法院,强调了欧洲人权法院所指示的临时措施的法律约束力。在案件中,土耳其扮演了美国的角色,其对临时措施的冒犯与无视触怒了欧洲人权法院,后者开始借鉴联合国人权保护机制中国际法院与联合国人权事务委员会的做法。最后,欧洲人权法院大审判庭认为土耳其的行为违反了临时措施对其附加的义务,强调了欧洲人权法院指示的临时措施的法律约束力。美洲人权保护机制在临时措施的法律约束力问题上也紧随其后,认定美洲人权法院指示的临时措施是兼具约束性与强制性的。

（3）在要求或指示临时措施权力分配方面。国际法院作为司法机构,享有指示临时措施的权力,其本身的司法特性也为其指示临时措施的法律约束力带来了一定的积极影响。[①] 正是因为发现司法机构指示的临时措施在法律约束力上具有一定的优势,所以区域人权保护机制也借鉴了国际法院的做法。目前,要

---

① 刘扬.国际司法机构临时措施研究[D].北京:北京大学,2006.

求或指示临时措施的权力收归具有司法性质的人权法院所有已经慢慢成为一种趋势。在欧洲人权保护机制中,欧洲人权法院是指示临时措施的主要机构。在美洲与非洲人权保护机制中,要求或指示临时措施的机构虽然有人权委员会与人权法院,但人权法院的重要性正在日益突出。

从整体而言,国际法院指示的临时措施在多个方面实现了从"0"到"1"的突破。虽然欧洲与美洲人权保护机制中的临时措施在后续的发展中有很多方面呈现出赶超之势,但谁也无法否认国际法院在临时措施发展的某些方面发挥的开拓者般的作用。

(二)对国际法治的推动作用

无论是在拉格朗案,还是在格鲁吉亚诉俄罗斯联邦案中,国际法院在对《国际法院规约》第41条进行解释时都秉持严肃的态度,这足以证明临时措施在国际法院实现其目的与宗旨时发挥着巨大的作用。国际法院如果缺少指示临时措施的权力,将无法有效地履行《国际法院规约》第41条规定的职责,也就更谈不上通过完整的司法程序有效地解决国际争端了。[1] 由此可见,国际法院所享有指示临时措施的权力对维护国际和平以及推进国际法治进程具有重要的意义。

(1)促进争端和平解决,避免不必要的武力。1999年11月17日,联合国大会通过决议明确指出,联合国对推进国际法治作出了重大贡献,其中包括:①促进争端的和平解决;②鼓励国际法的编纂和继续发展;③鼓励国际法的教学和传播;④建立国际法的实施机制。而国际法院指示的临时措施可以在案件最终判决作出之前保持权利的现状,因此其能够很好地促进争端的和平解决,避免不必要的武力使用。例如,在格鲁吉亚诉俄罗斯联邦案中,国际法院就指示临时措施禁止双方随意采取武力行为。各国可以在国际法院作出判决之前,请求国际法院指示临时措施保护个人或个人团体的权利。

(2)国际法院指示的临时措施可以有效促进国际法治,维护与促进世界和平,这对于推进国际法治的意义是非常重大的。在墨西哥诉美国案中,墨西哥于2003年1月9日向国际法院提起了对美国的诉讼,称美国违反了1963年的《维也纳领事关系公约》第5条与第36条的规定,起因是54名墨西哥公民在美国的加利福尼亚州被判处死刑。同时,墨西哥请求美国解释有关阿韦纳以及其他墨西哥公民这一案件,并请求国际法院指示临时措施。经过"漫长"的25天后,国际法院以15票一致通过临时措施,要求美国暂停对阿韦纳及其他墨西哥公民的死刑执行。2008年6月5日,墨西哥再次请求美国对该案进行解释,要求美国

---

[1] 邵沙平. 国际法院新近案例研究[M]. 北京:商务印书馆,2006.

详细说明判处阿韦纳及其他墨西哥公民死刑判决的全部信息,同时再次请求国际法院指示临时措施,其理由是为了保护在墨西哥生活的公民的重要利益,而且应当确保法院能够给墨西哥提供必要的救济,而墨西哥请求国际法院指示临时措施"显然是正当的"。从拉格朗案到墨西哥诉美国案,可以清楚看到美国在面对临时措施时态度的转变。美国态度的转变,从一个层面说明了国际法院所指示的临时措施确实对国际法治的进展作出了贡献。

其实,在当今国际社会中,检验国际法治化程度的一个重要标准就是看大国、强国和联合国安全理事会常任理事国是否善意地履行《联合国宪章》所规定的义务与公认的国际法原则和规则。同时,当上述国家出现违反《联合国宪章》与公认国际法原则和规则的行为后,这些国家是否会承担相应的责任也是一条重要标准,而国际法院指示的临时措施就是要求相关国家承担相应的责任。国际法院对此类国家指示临时措施的行为,其实也是在向整个世界宣誓追求《联合国宪章》中所描绘完美世界的决心,对其他人权保护机制起到很好的鼓舞作用。

(3)国际法院指示的临时措施能够很好地约束联合国安全理事会常任理事国的所作所为,这也是国际法院为推进国际法治所作的贡献之一。到目前为止,联合国安全理事会五大常任理事国中,除中国之外,其他四国均曾在国际法院以被告的身份被起诉[①],并被国际法院指示临时措施。在涉及其他四个常任理事国的案件中,刚果共和国诉法国案较为典型。此案中,刚果共和国于2002年12月9日向国际法院提交以法国为被告的诉讼,法国称"自认为自己对刑事类案件具有普遍管辖权,并自认为有权起诉和审判别国的内政部长,故对别国内政部长提出指控"。法国的这种行为实际上违反了"一国不得在别国境内行使管辖权的原则,从而违反了《联合国宪章》中各会员国主权平等的原则"。刚果共和国在向国际法院起诉的同时,也请求国际法院指示临时措施,要求"国际法院指示临时措施,要求法国莫城高等法院的法官停止对案件的调查等诉讼程序"。法国面对国际法院指示的临时措施并没有作出美国那样的反应,反而选择了以行动的方式来支持国际法院的临时措施。另如,格鲁吉亚诉俄罗斯案,格鲁吉亚要求国际法院指示临时措施,要求俄罗斯采取一切必要的措施遵守1965年《消除一切形式种族歧视国际公约》,以避免格鲁吉亚及其周边的民众遭受俄罗斯武装部队、协同分离主义民兵和外国雇佣兵的歧视性暴力侵害。[②]

---

① 比较典型的案例有:LaGrand 案(美国为被告)、Georgia v. Russian Federation 案、Libyan Arab Jamahiriya v. United Kingdom 案以及 Republic of the Congo v. France 案。

② 参见国际法院向联合国大会提交的 2009—2010 年度报告,《联合国大会正式记录第 64 届会议补编第 4 号》(A/64/4),第 186 段。

在实际案例中,国际法院指示的临时措施一般都是指向强国,而它们是否遵守国际法的基本规则与原则其实也是衡量国际法治的标准之一。一条铁链的总体承受力要看它最薄弱环节的承受力,而国际法院指示的临时措施实际就在修正这一"薄弱环节"。让那些综合实力较强且又不愿意遵守国际法基本规则和原则的国家能够正视并遵守国际法,而这也正是国际法院指示临时措施欲实现的目的。

第二节 联合国人权机构中的临时措施

联合国人权保护机制中,联合国人权事务委员会与联合国禁止酷刑委员会是重要的人权保护机构。联合国人权事务委员会与联合国禁止酷刑委员会要求的临时措施与区域人权保护机制中的临时措施较为相似,所以,对联合国人权事务委员会与联合国禁止酷刑委员会要求的临时措施进行研究,可以为研究区域人权保护机制中的临时措施扫除一些障碍。

一、联合国人权事务委员会要求[①]的临时措施

联合国人权事务委员会诞生于 1976 年,是根据《公民权利和政治权利国际公约》[②]第 28 条而设立的,用以监督公约执行情况的机构。[③]《公民权利和政治权利国际公约》规定,联合国人权事务委员会由公约缔约国选举产生的 18 名委员组成。联合国人权事务委员会委员必须是缔约国的国民,在人权方面具有雄厚的学识,同时应当具有崇高的社会地位。联合国人权事务委员会委员以个人身份加入联合国人权事务委员会,在委员会中的委员并不代表任何国家。

联合国人权事务委员会的主要职能包括:①接受和审议公约各缔约国的报告。这些报告主要是关于各缔约国为实施公约所载各项权利而采取的措施以及这些措施在实施过程中所取得的进展。《公民权利和政治权利国际公约》规定,缔约国在公约对其生效一年内应向联合国人权事务委员会提交第一次报告,以

---

① 在措辞方面,国外学者一般对"指示"、"要求"与"通知"不加区分,但在此处,基于对《联合国人权事务委员会程序规则》、《美洲人权委员会程序规则》以及《非洲人权和民族权委员会程序规则》原文的尊重适用"要求"一词。

② 联合国大会 1966 年 12 月 16 日第 2200A(XXI)号决议通过并开放给各国签字、批准和加入,按照第四十九条的规定,于 1976 年 3 月 23 日生效。

③ 联合国人权事务委员会与联合国人权理事会并不相同。

后每隔五年提交一次,实际上鲜有国家能做到如此。②审议缔约国提交的人权报告并对报告内容作出一般性评述,由此来协助各缔约国顺利完成实施条款以及编写后续的人权报告。如果此过程中需要对《公民权利和政治权利国际公约》作出解释,联合国人权事务委员会可以对公约中部分条款作出解释与说明。③接受并审议国家间指控。一国如果发现另一国有违反《公民权利和政治权利国际公约》的行为,可以向联合国人权事务委员会提出针对违反《公民权利和政治权利国际公约》国家的指控,其前提是缔约国声明承认联合国人权事务委员会对其享有管辖权。国家间指控在联合国人权事务委员会中的应用频率非常低,因为国家间指控一般发生在国际法院或是欧洲人权法院,而不是联合国人权事务委员会这样一个非正式司法机构。④接受与审议个人申诉。个人申诉制度在《公民权利和政治权利国际公约》中并没有出现,而是出现在了《公民权利和政治权利国际公约第一任择议定书》中。个人申诉是指个人或个人团体面对缔约国侵犯人权的情况时,向联合国人权事务委员会提出申请,请求联合国人权事务委员会对案件事实进行审议并作出决定的过程。另外,《公民权利和政治权利国际公约第一任择议定书》所规定的个人申诉制度是联合国人权事务委员会要求临时措施的最主要制度基础。

(一)临时措施的制度基础

《公民权利和政治权利国际公约第一任择议定书》第5条中的个人申诉制度构成了联合国人权事务委员会要求临时措施的制度基础。所谓个人申诉制度,是指当个人或个人团体面临《公民权利和政治权利国际公约第一任择议定书》缔约国侵犯其人权的情况时,可以作为一方当事人向联合国人权事务委员会提出申请,要求联合国人权事务委员会对个人或个人团体与缔约国之间的争端进行解决与处理。① 个人或个人团体向联合国人权事务委员会提出个人申诉有点类似于国内的行政诉讼,当事一方是个人或个人团体,一方是公权力的代表,两者通过一定的途径来实现纠纷的解决。②

个人申诉制度作为联合国人权事务委员会指示临时措施的制度基础,其模式与临时措施较为相似。一般情况下,临时措施的请求与个人申诉的请求存在以下两种模式:①提出个人申诉的同时,提出临时措施请求;②先提出个人申诉,而后提出临时措施。其中第一种模式较为普遍,因为这样更方便联合国人权事

---

① 有时也被翻译成个人来文。
② 就目前全球各人权保护机制中的个人申诉制度而言,欧洲人权保护机制中的最为成熟。所以笔者将在论述欧洲人权保护机制中临时措施时对个人申诉制度作系统的阐述。

务委员会审查临时措施请求是否符合要求。而如果临时措施请求主体仅仅提起临时措施请求,后续并未提出个人申诉,那么临时措施请求主体所提出的临时措施请求是不符合标准的。

(二)要求临时措施的标准

(1)个人申诉案件可受理性的忽略。联合国人权事务委员会面对个人提出的个人申诉案件,受理的前提之一是需要个人用尽国内救济或是存在无法获得国内救济的情况。所以,如果个人未用尽当地救济便向联合国人权事务委员会提交个人申诉,案件将不会被受理,但这其实并不影响联合国人权事务委员会是否要求临时措施。这样一来就很可能出现一种情况:临时措施请求主体提出临时措施请求之后,联合国人权事务委员会认为其临时措施符合标准,便要求相关国家采取临时措施。紧接着,联合国人权事务委员会发现个人申诉不符合受理标准,不予受理。此时,联合国人权事务委员会不予受理个人申诉的行为并不会影响其之前要求临时措施的行为。总而言之,临时措施只与是否提起个人申诉有关,与所提起个人申诉是否被受理无关,这才是个人申诉制度作为临时措施制度基础的本质。

(2)紧急且极端严重的情势。《联合国人权事务委员会程序规则》中明确规定了紧急且极端严重的情势是联合国人权事务委员会要求临时措施的标准之一。紧急且极端严重的情势作为联合国人权事务委员会要求临时措施的标准不仅仅是出于法律规定,也有法理性基础。在紧急且极端严重的情势出现之后,在可能造成的严重后果出来之前,要求临时措施可以起到很好的预防作用,降低后期的经济支出,这其实就是效益原则的体现。而且,如果联合国人权事务委员会依据有限的案件资料要求的临时措施被当事国遵守,就几乎可以保护当事人权利的完整状态不被破坏,大大降低后期的补偿支出。

(3)可能遭受不可恢复性损害。"可能遭受不可恢复性损害"作为要求或指示临时措施的标准在国际法院指示临时措施时就已经存在。在《联合国人权事务委员会程序规则》中再次明确规定,为避免"受害人可能受到不可恢复性损害",可通知或要求当事国采取临时措施。其实,联合国人权事务委员会针对"可能遭受不可恢复性损害"的标准也都是根据案件中涉及的具体权利来界定,这对后来欧洲人权法院确定"可能遭受不可恢复性损害"的意义重大。

(4)前置听证会议。联合国人权事务委员会应对个人提出的个人申诉以及临时措施请求进行前置听证会议,并在会议中对个人提交的个人申诉文书进行审查。在联合国人权事务委员会看来,其要求的临时措施应该具有对话性质,通过这种对话式的听证会议给当事双方陈述的机会。当事双方可以在会议中对是否具有要求临时措施的必要性进行讨论,讨论中并不涉及案件主要的实体内容,只是就临时措施的相关内容进行讨论。这种前置听证会议一般从召开到结束都是比较简短的,这是考虑到如果拖延的时间过长,很可能无法避免不可恢复性损害的产生。同时,紧急且极端严重的情势也不允许联合国人权事务委员会将过多的时间消耗在前置听证会议上。

(三)临时措施的法律约束力来源

(1)临时措施的法律约束力来源一是《联合国人权事务委员会程序规则》第92条。《联合国人权事务委员会程序规则》第92条规定,在向有关缔约国转交其关于个人申诉的意见之前,委员会可向有关缔约国说明采取临时措施的必要性,以避免对据称违法行为的受害者造成无可挽回的损害。在这样做的同时,委员会应向有关缔约国说明,它所表示的关于采取临时措施的意见并不意味着就个人申诉的是非曲直作出了决定。《联合国人权事务委员会程序规则》第92条虽然没有详细规定联合国人权事务委员会要求临时措施的具体程序运作问题,但却是联合国人权事务委员会要求临时措施最直接的法律规定,是其法律约束力来源之一。

(2)除了《联合国人权事务委员会程序规则》第92条之外,联合国人权事务委员会要求临时措施的另一法律约束力来源便是《公民权利和政治权利国际公约》与《公民权利和政治权利国际公约第一任择议定书》。《公民权利和政治权利国际公约》中规定了个人应受保护的公民权利和政治权利,而联合国人权事务委员会是根据《公民权利和政治权利国际公约》而设立的,用以监督公约执行情况的机构。所以,联合国人权事务委员会作为《公民权利和政治权利国际公约》的执行机关,其最原始的权力就来自《公民权利和政治权利国际公约》,其中就包括要求相关国家采取临时措施的权力。而这一权力后来在《公民权利和政治权利国际公约第一任择议定书》第5条中得以具体化,其中规定了为保护公民权利和政治权利而设定的个人申诉制度。最初,《公民权利和政治权利国际公约第一任择议定书》第5条中对个人申诉制度的规定并不被当作联合国人权事务委员会要求临时措施的法律约束力来源,而是被当作程序性的指导。因此,联合国人权事务委员会在个人申诉案件中要求的临时措施的法律约束力也容易被忽视。

《公民权利和政治权利国际公约第一任择议定书》第5条所规定的内容在很多学者看来只是一种全新的程序规定,而不是告诉我们"应当"做什么。至于《公民权利和政治权利国际公约第一任择议定书》第5条所规定的制度对临时措施而言到底有什么价值,大家莫衷一是。Piandiong等人诉菲律宾案的发生让联合国人权事务委员会开始真正思考,《公民权利和政治权利国际公约第一任择议定书》第5条对临时措施的价值是什么。在本案中,1994年11月7日,Piandiong等四人被卡洛奥坎市的初审法院判处死刑,罪名是抢劫杀人罪。后来四人向最高法院提出申诉,菲律宾最高法院驳回四人的申诉,并于1997年2月19日确认死刑的判决,执行日期安排在1999年4月5日,最后缓期三个月执行。1999年6月15日,四人委托亚历山大·巴迪亚与里卡多·苏伽撰写个人申诉书并提交至联合国人权事务委员会。1999年6月23日,联合国人权事务委员会基于此向菲律宾相关法院提出申请,要求菲律宾方面提供相关资料;紧接着,联合国人权事务委员会又依据《联合国人权事务委员会程序规则》第92条,要求菲律宾方面采取临时措施保持原状,不得对Piandiong等人执行死刑。1999年7月7日,面对菲律宾的无动于衷,联合国人权事务委员会再次要求菲律宾方面提供死刑判决的相关证据;1999年7月8日,菲律宾方面表示Piandiong等人已经接受了公正的审判,对他们的死刑判决也将按期进行,最后四人被执行死刑。

在本案的整个过程中,菲律宾一直消极对待联合国人权事务委员会的所有要求,对于联合国人权事务委员会要求的临时措施更是置若罔闻。菲律宾如此做的前提就是认为《联合国人权事务委员会程序规则》只是联合国人权事务委员会自己的规则,并不具备约束除了联合国人权事务委员会之外的任何其他人的权力。后来,联合国人权事务委员会指出,《公民权利和政治权利国际公约第一任择议定书》的缔约国对联合国人权事务委员会指示临时措施的不遵守,构成对《公民权利和政治权利国际公约第一任择议定书》第5条的违反。虽然联合国人权事务委员会高度认可了《公民权利和政治权利国际公约第一任择议定书》为其要求临时措施的法律约束力来源,但对Piandiong等人诉菲律宾案已无回天之力。自此之后,《公民权利和政治权利国际公约第一任择议定书》第5条被认为是联合国人权事务委员会要求临时措施的另一法律基础,其对后来的萨伊多夫诉塔吉克斯坦案以及威斯诉奥地利案产生了重大影响。

从以《联合国人权事务委员会程序规则》与《公民权利和政治权利国际公约》为法律基础,到后来将《公民权利和政治权利国际公约第一任择议定书》第5条一并视为临时措施的法律约束力来源,这些都是联合国人权事务委员会为了强化其所要求临时措施的法律约束力而作出的努力。临时措施的法律约束力来源就像是临时措施的根基,根基的说服力以及法律效力越高,那么临时措施的法律约束力就越强。如果根基毫无说服力而且无法律效力可言,那么临时措施也就真正成了毫无法律约束力的措施;而没有了法律约束力的支撑,临时措施也就成了彻彻底底的无价值之物。

(四)临时措施法律约束力的演变

有学者主张,《联合国人权事务委员会程序规则》只是联合国人权事务委员会自身的运作依据,并非可以普遍适用的人权条约,其中的规定也并不构成对相关国家的约束。所以,联合国人权事务委员会基于《联合国人权事务委员会程序规则》而要求相关国家采取的临时措施也只是劝告性的,所谓的法律约束力也无从谈起。在他们看来,相关国家对联合国人权事务委员会所要求临时措施的遵守更多像是一种"慷慨的善行",而不是对法律的遵守。同时,《联合国人权事务委员会程序规则》中对联合国人权事务委员会做出临时措施的方式措辞一般为"通知"与"要求",只有在极少数情况下,联合国人权事务委员会才在案件的处理结果中使用"指示"或"发布"。从这样的措辞中可以看出,联合国人权事务委员会对临时措施法律约束力的态度并不是那么的肯定。《联合国人权事务委员会程序规则》规定联合国人权事务委员会"通知"当事国采取临时措施,而不是"指示"当事国采取临时措施,这样细微的措辞差异足以看出联合国人权事务委员会对自身所要求的临时措施的法律约束力的不自信。

在阿哈尼诉加拿大案中,联合国人权事务委员会要求的临时措施受到了真正的挑战。此案中,阿哈尼于1991年10月来到加拿大,1992年4月被确认为难民,但加拿大安全情报局(CSIS)认为阿哈尼是为伊朗情报与国家安全部(MOIS)工作的暗杀者。加拿大安全情报局认为伊朗情报与国家安全部曾经参与了一些恐怖袭击活动,所以认定伊朗情报与国家安全部的阿哈尼属于危险人物,应当被驱逐。阿哈尼向联合国人权事务委员会提出个人申诉,并请求联合国人权事务委员会要求临时措施。最后,联合国人权事务委员会虽然指示了临时措施,但加拿大并未遵守临时措施,最终导致阿哈尼被驱逐。在本案的处理过程中,大部分委员会委员都认为加拿大应当遵守联合国人权事务委员会提出的临时措施要求。但拉斯金却不这么认为,他认为联合国人权事务委员会的观点以及要求的临时措施并不构成国际法的一部分,这是不争的事实,所以加拿大不遵守临时措施的行为并不构成对国际法的违反。这些对联合国人权事务委员会所要求的临时措施法律约束力的质疑的声音使联合国人权事务委员会慢慢发现,临时措施的法律约束力不应该处于一种不确定的状态,从此,联合国人权事务委员会在后续的案件中不断强调其所要求临时措施的法律效力。

虽然联合国人权事务委员会并非司法机构,但是其作为《公民权利和政治权利国际公约》的执行机构,其所作出的任何符合《公民权利和政治权利国际公约》的行为都应当被缔约国所遵守。所以,《公民权利和政治权利国际公约》缔约国对联合国人权事务委员会所要求临时措施的违反,实质上就构成了对《公民权利和政治权利国际公约》的违反。例如,在阿哈尼诉加拿大案中,联合国人权事务委员就以上述理由确认了其要求的临时措施对加拿大具有法律约束力。此外,在格伦·阿什贝诉特立尼亚和多巴哥案中①,联合国人权事务委员会就指出,其要求临时措施所依据的制度基础为个人申诉制度,而《公民权利和政治权利国际公约第一任择议定书》是个人申诉制度的法律依据,这就意味着《公民权利和政治权利国际公约第一任择议定书》缔约国必须接受个人申诉,甚至包括个人申诉组成部分的临时措施。所以,对《公民权利和政治权利国际公约第一任择议定书》的缔约国而言,对临时措施的漠视与不遵守实质上构成了对《公民权利和政治权利国际公约第一任择议定书》的违反。此外,在某些情况下,联合国人权事务委员会要求的临时措施之所以不被相关缔约国所遵守,并不仅仅是因为条约对临时措施规定的空白,还有联合国人权事务委员会机构自身的非司法性。这其实也是联合国人权事务委员会对自身要求的临时措施没有自信的原因之一。当然,联合国人权事务委员会对自身所要求的临时措施的法律约束力是否具有自信并不会影响临时措施的法律约束力。此外,从前文中对 Piandiong 等人诉菲律宾案的分析,也足以说明联合国人权事务委员会要求的临时措施具有法律约束力,只是个别国家选择不遵守。

联合国人权事务委员会的非司法特性使很多国家敢于采取一些试探性的行为,因为它们知道不遵守联合国人权事务委员会要求的临时措施并不会产生多么严重的后果,并不会受到司法机构的相应制裁。这其实也说明了联合国人权事务委员会要求的临时措施虽然有法律约束力,但也并不必然会使相关国家遵守临时措施,造成这一现象的原因在于临时措施自身的监督与执行机制不健全。临时措施的法律约束力不应该仅仅局限于文字,而应该经过人权司法机构或人权准司法机构的努力将这些文字变成切实可行的措施。如果现实的临时措施始终是处于劝说性或是建议性的怪圈中,那这样的临时措施存在的价值就大打折扣了。

无论如何,与国际法院指示的临时措施相比,联合国人权事务委员会似乎存在"先天的不足"。第一,在法律约束力来源上,《国际法院规约》作为《联合国宪章》的补充部分,其普适性以及法律效力都比《联合国人权事务委员会程序规则》要强,比《公民权利和政治权利国际公约》与《公民权利和政治权利国际公约第一

---

① 此案是联合国人权事务委员会处理的第一个不遵守临时措施的案件,为联合国人权事务委员会处理后续不遵守临时措施的案件提供了重要的借鉴。在此案中,联合国人权事务委员会第一次引用《公民权利和政治权利国际公约第一任择议定书》来为自身要求的临时措施提供法律约束力支持。

任择议定书》也要略胜一筹。这种法律约束力来源的缺陷，就带来了联合国人权事务委员会所要求的临时措施的法律约束力上的一些问题，给了部分国家质疑其临时措施的法律约束力的机会。第二，要求或指示临时措施的机构性质不同。国际法院作为联合国重要的司法机构，其判决结果对当事国的约束力也自然比联合国人权事务委员会的处理结果要强。国际法院的诞生目的是贯彻《联合国宪章》的宗旨与思想，而联合国人权事务委员会的诞生是为了监督执行《公民权利和政治权利国际公约》，这种机构性质的差异也对临时措施法律约束力的不同产生了一些影响。

二、联合国禁止酷刑委员会要求的临时措施

联合国禁止酷刑委员会是在1987年根据《禁止酷刑和其他残忍、不人道或有辱人格的待遇或处罚公约》（后称为《联合国禁止酷刑公约》）第17条的内容建立的。其中规定联合国禁止酷刑委员会的主要职能是具体负责监督各缔约国对条约的遵守情况，以及接受或审查国家间指控[①]以及个人申诉。该公约规定，各缔约国应当在本国的管辖范围内停止实施任何酷刑，并应当对其他机构或个人实施酷刑的行为进行严厉的惩罚，当实施酷刑之人无法被引渡的情况下，国家应对此人实行普遍管辖权。不论是何种特殊情况，无论是战争的状态、存在战争的威胁、国内格局的不稳定或是其他紧急状态，均不能成为实施酷刑的借口或托词，施行酷刑者也不得以执行命令作为辩解理由。

（一）临时措施的制度基础

《联合国禁止酷刑公约》在人权保护方面规定了两项基本制度：①国家间指控。国家间指控是指该公约缔约国可在任何时候根据《联合国禁止酷刑公约》第21条规定，声明承认联合国禁止酷刑委员会有权接受和审议某一缔约国声称另一缔约国未履行本公约所规定义务的指控。但这种国家间指控需要双方缔约国都事先或事后明确承认联合国禁止酷刑委员会的管辖权，这种国家间指控有些类似国际法院中的国家间诉讼制度。②个人申诉制度。据《联合国禁止酷刑公约》规定，如果缔约国声明承认联合国禁止酷刑委员会的管辖，认可联合国禁止酷刑委员会有权审议、审查该缔约国案件，那么当个人或个人团体[②]认为该缔约国行为违反了《联合国禁止酷刑公约》而向委员会提交个人申诉时，委员会有权

---

① 原文中为"Communication"，国内学者普遍译法有来文、申诉，此处笔者考虑到双方当时主体一般为国家，所以采用"指控"一词，其实际含义为国家间指控。

② 根据《联合国禁止酷刑公约》规定，其中也应当包括"代理人"。

接受该申诉。面对个人或个人团体提交的申诉,即使缔约国声明承认,若联合国禁止酷刑委员会发现此人或个人团体在滥用个人申诉的权利,或是有其他证据证明个人申诉不成立,委员会则不能接受。同时,《联合国禁止酷刑委员会程序规则》中也规定了个人申诉制度的相关内容,对《联合国禁止酷刑公约》做了补充性规定,规定了个人申诉的传递途径以及具体的审查机构与方式。

两种制度都源自《联合国禁止酷刑公约》,如果仔细研究两种制度,便会发现国家间指控基本不会发生以人权保护为目的而指示临时措施的情况。与此相反,个人申诉制度却为联合国禁止酷刑委员会要求临时措施提供了"肥沃的土壤"。产生这种差别的原因就是,个人申诉制度更关注个人或个人团体的权利,它为个人或个人团体提供了临时措施的请求途径。在个人申诉中,个人或个人团体可以更直接地与联合国禁止酷刑委员会进行沟通,而不需要国家的介入或干扰。然而在国家间指控案件中,个人或个人团体需要间接通过国家这一角色来诉求或请求权利主张,这实际上就阻碍了个人或个人团体直接向联合国酷刑委员会提出临时措施的请求。

(二)要求临时措施的标准

联合国禁止酷刑委员会要求临时措施的标准与国际法院、联合国人权事务委员会要求临时措施的标准并无二致。①个人申诉案件可受理性的忽略。虽然《联合国禁止酷刑委员会程序规则》第 114 条第 1 款规定,临时措施的请求应当在个人申诉之后提出,个人申诉的是否受理并不会影响联合国禁止酷刑委员会对临时措施请求的受理。联合国禁止酷刑委员会作出是否受理个人申诉案件的决定并不影响联合国禁止酷刑委员会作出要求相关国家采取临时措施的决定。即使联合国禁止酷刑委员会最后发现其对个人或个人团体提交的个人申诉案件并没有管辖权,联合国禁止酷刑委员会之前要求当事国采取临时措施的决定依然有效,不受最后案件受理与否决定的影响。②紧急且极端严重的情势。此标准的评判与联合国禁止酷刑委员会的主观意识紧密相关,对于同一个情势,不同的机构会有不同的定义,但一般都与酷刑的发生紧密相关。对酷刑中人权的关注,是联合国禁止酷刑委员会重要的机构特征。③可能遭受不可恢复性损害。前面提到过,权利的人身属性使人权一旦受损就很难恢复到最初的状态,所以这里所说的"可能遭受不可恢复性损害"也主要是指人权。当然,这里的人权范畴比前面的要窄,原因就在于这里的人权应当是可能在酷刑中受侵犯的人权,后面有详述。④前置的听证会议。联合国禁止酷刑委员会应当举办非公开会议对申诉文件进行审查,以此来决定是否要求对方缔约国采取临时措施。其实无论会议的方式或形式如何,其都是为了在探求真相的前提下保证程序的公正。⑤权利种类的特殊性。联合国禁止酷刑委员会作为《联合国禁止酷刑公约》的监督机构，其所保护的权利就限定为容易受"酷刑"侵犯的人权。《联合国禁止酷刑公约》中的"酷刑"也就是指：为了取得某人或第三者掌握的情况或供状，对他人或第三者涉嫌的犯罪行为进行处罚；或为了恐吓或威胁他人或第三者；或因歧视蓄意使某人在肉体或精神上遭受剧烈疼痛或痛苦的任何行为，而这种疼痛或痛苦是由公职人员或以官方身份行使职权的其他人所造成或在其唆使、同意或默许下造成的。但如果公职人员对犯罪分子或是嫌疑人采取合理法律制裁所引起的疼痛或痛苦，或是此种法律制裁间接造成的疼痛或痛苦不属于酷刑。

联合国禁止酷刑委员会诞生于国际法院与联合国人权事务委员会之后，或许也正是因为这一点，联合国禁止酷刑委员会在要求临时措施的标准上不断细化。特别是其将保护权利的类型作为要求临时措施的标准，这是国际法院与联合国人权事务委员会要求或指示临时措施的标准中所没有的。其中，国际法院指示的临时措施对何种人权并没有作出明确限定，只是模糊地规定了国际法院指示临时措施的标准，然后在实践中摸索临时措施适用权利的范围。联合国人权事务委员会作为《公民权利和政治权利国际公约》的执行机构，其所要求的临时措施的范围限定为"公民权利"，但实际上这样宽泛的限定并不会压缩联合国人权事务委员会要求临时措施的空间。相比之下，《联合国禁止酷刑委员会程序规则》与《联合国禁止酷刑公约》不仅明确指出了联合国禁止酷刑委员会要求临时措施的标准，同时限定保护酷刑中受侵犯或可能受侵犯的人权。这三者的比较可以看出，临时措施的相关规定在不断地走向细化、具体化。其中，国际法院指示临时措施最宏观，联合国人权事务委员会较为具体，而联合国禁止酷刑委员会最为具体，尤其是关于临时措施适用的权利范围这方面。

其实，《联合国禁止酷刑委员会程序规则》以及《联合国禁止酷刑公约》对联合国禁止酷刑委员会要求临时措施不断细化的规定实则迎合了国际法治的发展。越是细化的规定越能够将人为的主观影响降到最低，越能够真正实现权力行使的公开与公正，因为清晰明了的规则如入蛛网一般将缔约国纳入其中，缔约国必须以此行事，这或许就是法治带来的最大裨益。

（三）临时措施的法律约束力来源

联合国禁止酷刑委员会指示的临时措施的法律约束力来源有两点：

第一，《联合国禁止酷刑委员会程序规则》第114条。其中规定临时措施请求应当在个人申诉之后提出；要求临时措施的标准；联合国禁止酷刑委员会在收到临时措施的请求后应将这些事宜通知对方缔约国；联合国禁止酷刑委员会在要求对方缔约国采取临时措施时应告知缔约国：委员会虽然要求采取临时措施，但其并不涉及委员会对案情实体的判断。与以往的规则或是条约相比,《联合国禁止酷刑委员会程序规则》对联合国禁止酷刑委员会要求临时措施的相关规定更为具体。

《联合国禁止酷刑委员会程序规则》第114条规定,一般情况下,在临时措施持续时间内,如果人权保护机制下的相关机构认为要求临时措施所依据的要件不复存在,其一般会撤销临时措施,并且拒绝新提出临时措施的请求。《联合国禁止酷刑委员会程序规则》第114条第7款规定,如果联合国禁止酷刑委员会要求临时措施所依据的要件或情势消失,当事双方中的缔约国可通知联合国禁止酷刑委员会要求临时措施所依据的要件已经消失,并请求联合国禁止酷刑委员会撤销临时措施,缔约国应当向联合国禁止酷刑委员会解释其主张的理由。联合国禁止酷刑委员会有权自主决定是否撤销临时措施。

第二,《联合国禁止酷刑公约》第22条。该公约第22条第1款规定:如果缔约国声明承认联合国禁止酷刑委员会的管辖,认可联合国禁止酷刑委员会有权审议、审查对该缔约国案件,那么当个人或个人团体认为该缔约国行为违反了《联合国禁止酷刑公约》而向联合国禁止酷刑委员会提交个人申诉时,联合国禁止酷刑委员会有权接受该申诉。其实,《联合国禁止酷刑公约》为联合国禁止酷刑委员会要求临时措施作出的最大贡献是:通过条约的形式为联合国禁止酷刑委员会要求临时措施提供了制度基础——个人申诉制度。在T.P.S.诉加拿大案中,联合国禁止酷刑委员会也强调,其在个人申诉案件中要求的临时措施可以看作个人申诉的一部分。加拿大不遵守临时措施的行为构成对个人申诉制度的蔑视,是对《联合国禁止酷刑公约》第22条的违反。

(四)临时措施法律约束力的演变

每一次历史性的变革都需要诱发的事件,而联合国禁止酷刑委员会所要求临时措施的法律约束力变革诱因则是T.P.S.诉加拿大案。此案中,加拿大面对联合国禁止酷刑委员会要求的临时措施采取了消极不作为的态度,也正是加拿大的反应使联合国禁止酷刑委员会发现自己必须跟国际法院一样,对临时措施的法律约束力作出明确的规定,才能使这样的国家冷静理性地对待临时措施。

在T.P.S.诉加拿大案中,一方当事人为T.P.S.,1952年出生于印度,为印度公民。1986年1月,T.P.S.与其他几人被指控于1981年9月对印度航空进行劫机,而被巴基斯坦法院判处终身监禁。T.P.S.的律师表示,所属印度航空的飞机从新德里飞往阿姆利则,最后安全地降落在了拉合尔,T.P.S.等人并未对飞机上任何顾客进行人身侵害,也没有任何报告证明顾客在飞机上遭受过非人道的对待。T.P.S.声称,他们并非劫机,而且他们是下飞机之后在警方的枪口下认罪的。T. P. S. 等人被监禁四年之后才有机会见自己的律师,其间遭受非人道的对待并受到酷刑。到后来,案件的争议点已经不是 T. P. S. 是否构成劫机罪,而是 T. P. S. 是否受到了公正的审判。1994 年 10 月,巴基斯坦政府迫于各方面的压力将 T. P. S. 等人释放,T. P. S. 离开了巴基斯坦前往加拿大。1995 年,加拿大对意图移民本国的人群进行问卷调查,其中就要求 T. P. S. 回答其是否曾经在加拿大以外的地方触犯过法律。1996 年,加拿大经过多方的取证,认定 T. P. S. 确实在加拿大之外的地方触犯过法律,T. P. S. 对加拿大的公共安全构成威胁,由此驳回了 T. P. S. 的难民申请,并意图将其驱逐回印度。最后,T. P. S. 向联合国酷刑委员会提出个人申诉,并要求联合国酷刑委员会指示临时措施。因为 T. P. S. 如果被驱逐回印度,很可能受到非人道的对待或是酷刑,他表示加拿大将自己驱逐出境已经构成了对《联合国禁止酷刑公约》第 3 条的违反。

面对联合国禁止酷刑委员会要求或指示的临时措施,加拿大曾经这样反驳联合国禁止酷刑委员会:我们必须清楚,虽然《联合国禁止酷刑委员会程序规则》中确实对临时措施作出了规定,但这仅仅是程序规则中的规定。在没有人权条约对临时措施作出规定之前,《联合国禁止酷刑委员会程序规则》中的规定对《联合国禁止酷刑公约》的缔约国而言并不具有法律约束力。

当临时措施的规定仅仅出现在人权机构起草的程序规则中时,相关国家便仿佛抓住了人权机构的软肋,以此为由否定临时措施的效力。临时措施的法律约束力问题已经成了所有人权机构都必须解决的问题,联合国禁止酷刑委员会亦是如此。T. P. S. 诉加拿大案中,面对加拿大的质疑,联合国禁止酷刑委员会声称,其要求临时措施的目的是为了更好地执行与实现《联合国禁止酷刑公约》的宗旨,所以,对联合国禁止酷刑委员会所要求临时措施法律约束力的质疑或否定,其实也构成对《联合国禁止酷刑公约》内容的质疑与否定;而对联合国禁止酷刑委员会所要求的临时措施的不遵守,也构成对《联合国禁止酷刑公约》的违反。《联合国禁止酷刑公约》在确认其所要求的临时措施的法律约束力时,走了一条与联合国人权事务委员会相同的路线:强调相关国家不遵守临时措施的行为构成对人权条约的违反,这无疑强化了临时措施的法律约束力。

联合国禁止酷刑委员会对 T. P. S. 诉加拿大案进行最后审判后认定,加拿大不构成对《联合国禁止酷刑公约》第 3 条的违反。案件实体审查之后,胜利的天平倾向了加拿大,但这并没有影响联合国禁止酷刑委员会当初所要求的临时措施的法律约束力。这也印证了联合国禁止酷刑委员会要求的临时措施并不涉及对案件实体内容的判断,二者互不干扰。

人权司法机构与人权准司法机构所要求或指示的临时措施的法律约束力——

直是众多问题中最核心的,其直接关系到临时措施存在的价值。所幸的是,联合国人权保护机制下的人权司法机构与人权准司法机构一直用自己的行为修正这一问题的发展方向。

第三节 国际法院指示的临时措施与联合国人权机构中的临时措施之比较

国际法院指示的临时措施与联合国人权机构中的临时措施存在诸多的共性,例如,临时措施的含义、要求或指示临时措施的标准以及临时措施的性质。但寻找国际法院指示的临时措施与联合国人权机构中临时措施的差异更能够发现问题,找出短板。由此一来,从推动国际人权保护机制中临时措施的发展而言,找出差异的作用可能更大,所以,此处着重讨论国际法院指示的临时措施与联合国人权机构中临时措施的差异,为寻找临时措施的出路提供研究基础。

一、制度基础不同

国际法院指示临时措施的制度基础为国家间的诉讼制度,而联合国人权事务委员会与联合国禁止酷刑委员会要求临时措施的制度基础为个人申诉制度。两种制度存在本质的差别:

(一) 当事双方主体不同

个人申诉制度中一方为国家,另一方为个人或个人团体,而且两者在个人申诉中的地位是极其稳定的。个人或个人团体始终是提起个人申诉的一方,而国家始终是个人申诉所指向的对象。就如同个人或个人团体始终处于"原告"的地位,而国家始终处于"被告"的地位,双方的地位始终恒定。这样的设定其实就预先保证了个人或个人团体在个人申诉中的主动权,使国家在个人申诉中一直处于被动状态。国际法院中国家间的诉讼,双方当事人都为国家,"原告"与"被告"的地位也并非恒定,所以个人或个人团体的权利无法在这样的诉讼中获得直接的保护。

正是因为个人申诉制度与国家间诉讼制度中当事双方主体的不同,临时措施的请求主体也完全不同。在联合国人权机构中,临时措施的请求主体一般是申诉人、代理人、其他个人或个人团体等。在国际法院指示的临时措施中,临时措施的请求主体则只能为国家。从这一点来说,联合国人权机构中临时措施的请求主体与国际法院指示的临时措施的请求主体完全没有重合。

(二) 两种制度关注的重点不同

个人申诉由个人或个人团体提出,这样设定的目的是保障个人或个人团体在个人申诉中掌握主动权,以便更好地保护个人或个人团体的权利。对个人申诉制度而言,如何判断国家是否对个人或个人团体的权利造成了损害,并通过何种途径来保护个人或个人团体的权利是其关注的重点。国际法院中的国家间诉讼更关注如何实现国家间争端的和平解决,以维持国际社会的和平与安全,个人及个人团体的权利并不是国际法院最关注的内容。虽然国际法院偶尔以保护人权为目的指示临时措施,但其指示的临时措施最根本还是为了案件的顺利进行,保证国际争端的和平解决。

临时措施产生于两种制度之中,两种制度的差异必然会导致临时措施的不同。其中,以个人申诉制度作为基础的临时措施对个人或个人团体的权利更为关注,因为个人申诉制度本身就是为保护个人或个人团体的权利而预设的。

二、法律约束力的差异

国际法院指示的临时措施与联合国人权机构中的临时措施在法律约束力上也存在差别,主要原因有以下两点:

(一) 法律约束力来源的不同

国际法院指示的临时措施直接规定在《国际法院规约》中,同时《国际法院规则》第73条至78条对国际法院指示临时措施作出了非常细致的规定。联合国人权事务委员会与联合国禁止酷刑委员会关于临时措施的直接规定存在于《联合国人权事务委员会程序规则》与《联合国禁止酷刑委员会程序规则》之中,而《公民权利和政治权利国际公约》与《联合国禁止酷刑公约》并没有对临时措施作出直接规定。因此,从某种程度来说,《联合国人权事务委员会程序规则》与《联合国禁止酷刑委员会程序规则》可以看作联合国人权事务委员会与联合国禁止酷刑委员会所要求临时措施的最直接的法律约束力来源。虽然联合国人权事务委员会与联合国禁止酷刑委员会均通过判决使临时措施与人权条约产生了紧密的联系,甚至称对临时措施的违反实际上构成了对人权条约、议定书的违反[①],但这并不能改变《公民权利和政治权利国际公约》及其议定书与《联合国禁止酷刑公约》对临时措施保持沉默的现状,这也是部分国家质疑联合国人权事务委员

---

① 例如,在Piandiong等人诉菲律宾案与T.P.S.诉加拿大案中,联合国人权事务委员会与联合国禁止酷刑委员会分别通过案例构建了临时措施与人权条约间的关系,强调相关国家不遵守临时措施的行为构成对人权条约的违反。

会与联合国禁止酷刑委员会所要求临时措施法律约束力的原因之一。

此外,联合国人权机构的程序规则的法律约束力与《国际法院规约》的法律约束力是存在一定差异的。人权机构的程序规则是指导人权机构具体运作的,其作为临时措施法律约束力的来源之一,具有一定的局限性。①《国际法院规约》是《联合国宪章》的一部分,这种优势是程序规则所不具备的。因此,国际法院指示的临时措施与联合国人权机构中的临时措施因为法律约束力来源的差异,其法律约束力也有所不同。

(二)机构性质不同

国际法院为司法机构,而联合国人权事务委员会与联合国禁止酷刑委员会为一般的人权机构。司法机构在审判案件过程中所采取的措施应当看作行使诉讼管辖权的行为,如果双方当事人接受司法机构管辖,那么司法机构所采取的措施自然对双方当事人具有约束力。如果双方国家自愿将案件提交国际法院,就代表接受了国际法院的管辖,那么国际法院采取的措施对双方当事国应当具有约束力,其中当然也包括临时措施。相比之下,联合国人权事务委员会与联合国禁止酷刑委员会要求的临时措施便不具有这样的特性。所以,从上述角度分析,要求或指示临时措施的机构性质对其所要求或指示临时措施的法律约束力确实会产生一定的影响。

---

① 刘扬.国际司法机构临时措施研究[D].北京:北京大学,2006.

第二章
欧洲人权保护机制中的临时措施

欧洲人权保护机制是目前区域人权保护机制中发展最为成熟与完善的,其革命性的事件发生于1953年9月3日。当日,随着10份批准书的提交,《欧洲人权公约》正式生效。①《欧洲人权公约》作为欧洲区域最主要的人权立法文件,很好地吸收了《世界人权宣言》的前半部分,这使得欧洲人权保护机制与联合国人权保护机制之间产生了紧密的联系。1961年10月18日,《欧洲社会宪章》于在都灵举行的欧洲理事会成员国会议上获得通过。《欧洲社会宪章》将政治、经济和文化权利纳入欧洲人权保护机制,完善了欧洲人权保护机制的权利内容。《欧洲人权公约》与《欧洲社会宪章》构成了欧洲人权保护机制的核心部分,使欧洲人权保护机制成为区域人权保护机制中的佼佼者。

正是因为欧洲人权保护机制的成熟与完善,所以欧洲人权保护机制中的临时措施发展也较为成熟,适用频率较高。也正是因此,欧洲人权保护机制中的临时措施在适用的过程中得以不断修正,不断进化,不断走向成熟,已逐步成为区域人权保护机制中临时措施效仿的榜样。

第一节 要求或指示临时措施的机构

欧洲人权保护机制中的临时措施从诞生到现在的步入正轨,总共有三个机

---

① 1949年10月,欧洲理事会部长委员会决定任命一个政府专家委员会,并让其以1949年9月的法律和行政问题委员会的报告为基础准备文本草案;1950年春,政府专家委员会完成任务;同年8月7日,欧洲理事会部长委员会批准了经过修改的文本草案;11月4日,《欧洲人权公约》在罗马签署。1953年9月3日,随着10份批准书的提交,《欧洲人权公约》生效。

构对其发展产生过重大影响①,其中欧洲人权委员会与欧洲人权法院享有要求或指示临时措施的权力。此外,欧洲委员会虽然不是要求或指示临时措施的机构,但其对欧洲人权保护机制中临时措施的意义重大,在本节中也将进行讨论。

一、欧洲人权委员会

欧洲人权委员会根据《欧洲人权公约》建立于1955年,终止于1998年11月1日,也就是《欧洲人权公约第11号议定书》生效之日。② 欧洲人权委员会虽然已经不存在,但其在欧洲人权保护机制中所发挥的作用曾远胜于欧洲人权法院。从某种程度来说,欧洲人权委员会有"喧宾夺主"之嫌。欧洲人权法院本来应当是欧洲人权保护机制中最主要的人权司法机构,可欧洲人权委员会偏偏出现在前置程序中,影响了欧洲人权法院作用的发挥。一般案件都要先经过欧洲人权委员会处理,在欧洲人权委员会对案件处理之后,上报欧洲委员会部长委员会审议,然后才能到达欧洲人权法院。

欧洲人权委员会的消失或终止只是形式上的,其大部分职能已经被欧洲人权法院吸收。所以,弄清楚欧洲人权委员会曾经的职权和功能,对于现阶段《欧洲人权公约》的执行有很大的帮助,追本溯源便在于此。欧洲人权委员会的职能主要可以分为以下几种:①准司法职能。《欧洲人权公约第11号议定书》修改之前的《欧洲人权公约》规定,欧洲人权委员会具有受理申诉及初步审查申诉的权力,主要受理国家间的指控及个人申诉。③ 但是欧洲人权委员会并不是对所有的个人申诉案件都具有受理的权力,而是仅以缔约国声明承认欧洲人权委员会有受理的权力为前提,也就是说这种欧洲人权委员会对缔约国的管辖必须以缔约国的同意为前提。而且,《欧洲人权公约第11号议定书》修改之前的《欧洲人权公约》规定,个人案件申诉不仅可以向欧洲委员会秘书长提出,也可以向欧洲人权委员会提出,唯独不可以直接向欧洲人权法院提出。其中,欧洲人权委员会要求临时措施的职能就属于准司法职能。②提交职能。1998年11月1日之前的欧洲人权委员会对于无法处理的案件必须提交给欧洲委员会部长委员会,由部长委员会再将案件提交给欧洲人权法院来处理。自欧洲人权法院诞生至

---

① 三个机构为欧洲委员会、欧洲人权委员会与欧洲人权法院,其中欧洲人权委员会已经被撤销。
② 根据《欧洲人权公约第11号议定书》生效之前的《欧洲人权公约》第20条,欧洲人权委员会成员应当与缔约国数量一致,其中不得有两个人来自同一国家,而且并未禁止非缔约国公民成为欧洲人权委员会委员。但事实上,从欧洲人权委员会诞生直至它的消亡,也未出现过非缔约国成员担任委员会委员的情况。
③ 《欧洲人权公约第11号议定书》生效之前《欧洲人权公约》第24条。

1998年11月1日，经过上述程序提交给欧洲人权法院的案件在800件左右，欧洲人权法院共对400多件作出判决。

《欧洲人权公约第11号议定书》生效之前的欧洲人权委员会就如同现在的欧洲人权法院一般，接受个人申诉并根据情况要求临时措施。现如今，这一切权力都已回归欧洲人权法院"怀中"，曾经光辉一时的欧洲人权委员会最终在欧洲人权法院的光辉下变得暗淡。

二、欧洲人权法院

欧洲人权法院是欧洲人权保护机制中重要的人权司法机构，其承担了欧洲区域人权案件的审理工作，并且与欧洲法院紧密联系，是区域人权保护机制中最成功的人权司法机构。[①]

关于欧洲人权法院在指示临时措施方面的作用，《欧洲人权法院规则》有详尽表述。《欧洲人权法院规则》第39条规定：(1)基于此条第4款产生的审判庭、庭长或是负责的法官，从当事双方利益出发或因正当程序的需要，在适当的时机基于自身意愿、一方当事人或是相关人的请求，可以指示当事双方采取适当临时措施；(2)在个人申诉案件中，欧洲人权法院指示临时措施之后应及时通知欧洲委员会部长委员会；(3)基于此条第4款产生的审判庭、庭长或是负责的法官，可要求当事双方提交与所指示临时措施执行相关的信息；(4)欧洲人权法院院长可任命某一阶段的副庭长担任负责的法官，对临时措施的请求作出决定。此条款是目前欧洲人权法院行使其指示临时措施权力的具体操作指南。

欧洲人权法院于1959年依据《欧洲人权公约》建立。随着《欧洲人权公约》的不断完善以及欧洲人权法院司法实践的增多，欧洲人权法院也在欧洲区域人权保护中发挥着越来越大的作用。在《欧洲人权公约第11号议定书》生效之前，欧洲人权法院共受理了800多件案件，只对400多件作出了判决，其原因就在于欧洲人权委员会这一"安全阀"的性能过于"优良"。《欧洲人权公约第11号议定书》生效之后，欧洲人权委员会也走到了使命的尽头，这才使得欧洲人权法院开始发挥其人权司法机构本来的职能。到2013年，向欧洲人权法院提出的个人申诉请求已经接近70 000件，最后有1 678件由欧洲人权法院作出判决。在同一年内，欧洲人权法院拒绝了817起临时措施请求，接受并指示了100余起临时措施。由此可见，《欧洲人权公约第11号议定书》与《欧洲人权公约第14号议定书》的生效，使个人申诉案件数量出现"井喷"。此时，欧洲人权委员会已不复存

[①] 欧洲人权法院设在法国的斯特拉斯堡，是一个全职的常设性机构。

在，欧洲人权法院已然成了欧洲人权保护机制中无法被替代的人权司法机构。

从上面的数据可以看出，欧洲人权委员会被撤销之后，欧洲人权法院上升到了一个前所未有的高度。如今，欧洲人权法院是欧洲人权保护机制中重要的人权司法机构，承担了大部分的人权事务以及与人权相关的审判活动。而对于其在临时措施方面的职能，其实可以用一句话来概括：目前，欧洲人权法院是欧洲人权保护机制中指示临时措施的重要人权司法机构。

此外，欧洲委员会[①]虽然不是临时措施的要求或指示机构，但其对欧洲人权保护机制中的临时措施影响重大，所以在此处略加阐述。1949年5月5日，欧洲的十个国家[②]在伦敦签署了建立欧洲委员会的条约，也就是《欧洲委员会规约》，被称为"赢得欧洲人心灵的欧洲机构"的欧洲委员会于1949年5月正式建立。[③]《欧洲委员会规约》规定，欧洲委员会的主要机构有部长委员会、议会大会和秘书处。《欧洲委员会规约》对欧洲委员会的设立目的做了明确的阐述，其中规定欧洲委员会的目标是："在其成员之间实现更大的团结，以维护和实现作为其共同遗产的理想和原则，并促进其经济和社会进步……以及保持和促进人权和最基本自由的实现上所采取的共同行为……"，"欧洲委员会的每一位成员应接受法治原则及在其管辖范围内的所有人享有人权和基本自由的原则"。欧洲委员会创始会员国对民主、人权和法治的共同渴望以及基于共同意愿所达成的法律文本为欧洲委员会的发展带来了好的开始。欧洲委员会前秘书长沃尔特·施维默曾这样评价欧洲委员会："欧洲委员会已经成为合作的象征，成了泛欧洲合作的最重要的中心。"

欧洲委员会与欧洲人权保护机制中的临时措施到底存在何种关系？其实，可以从欧洲委员会通过的人权文件来探究其对欧洲人权保护机制中临时措施的影响。至2014年底，欧洲委员会已经通过了将近200个公约或协议，其中比较有代表性的包括《欧洲人权公约》以及各议定书、《欧洲社会宪章》、《欧洲社会安全公约》等，其中大部分涉及人权。欧洲委员会通过的众多公约或协定中，最有分量的当属《欧洲人权公约》。欧洲委员会对《欧洲人权公约》的核心主旨以及追求目标产生了重大影响[④]，进而对临时措施产生了重要的影响。

欧洲委员会享有参与临时措施相关内容的权力。在1998年11月1日之前，也就是《欧洲人权公约第11号议定书》生效之前，欧洲人权法院鲜有指示临

---

① 笔者为将欧洲委员会与欧洲理事会进行区分，选择将其译为欧洲委员会。也有学者将其翻译为"欧洲理事会"。例如，朱晓青：《欧洲人权法律保护机制研究》，法律出版社2003年4月版。
② 比利时、丹麦、法国、爱尔兰、意大利、卢森堡、荷兰、挪威、瑞典和英国。
③ 刘丽.《欧洲人权公约》实施机制[D]. 武汉:武汉大学,2011.
④ 朱晓青.欧洲人权法律保护机制研究[M].北京:法律出版社,2003.

时措施。只有当欧洲人权委员会将案件提交给欧洲委员会部长委员会之后,欧洲委员会部长委员会将案件再提交给欧洲人权法院时,欧洲人权法院才有可能指示临时措施。虽然欧洲委员会部长委员会现在不再参与申诉案件的审查及提交程序,但是《欧洲委员会规约》规定,欧洲委员会部长委员会仍然有权监督欧洲人权法院的案件审判过程。而欧洲人权法院指示的临时措施实质上属于欧洲人权法院审判个人申诉案件的组成部分,所以欧洲委员会部长委员会应当对欧洲人权法院行使指示临时措施的权力进行监督,以及对当事国对欧洲人权法院所指示临时措施的执行情况进行监督。

总而言之,欧洲委员会对欧洲人权保护机制中临时措施的影响是统领性的,其甚至可以看作临时措施的重要发源机构之一。如果没有欧洲委员会,便不会通过《欧洲人权公约》,更不会有《欧洲人权法院规则》,这样一来,欧洲人权保护机制中的临时措施也不可能存在。

第二节 临时措施的制度基础

一、个人申诉制度与临时措施的并存与冲突

(一)个人申诉制度的内涵

个人申诉制度在 1998 年 11 月 1 日之前就已经存在,《欧洲人权公约第 11 号议定书》生效之前的《欧洲人权公约》第 25 条[①]规定,个人申诉可以由声称是公约中规定的权利……被侵犯的受害者,包括个人、非政府组织或者个人团体提出[②],这种侵犯必须为某一缔约国所为,同时该国必须承认委员会对处理个人申诉具有管辖权,申诉人应为该侵犯的受害者。[③]《欧洲人权公约第 9 号议定书》对个人申诉主体的改变对个人申诉而言并非决定性的。

《欧洲人权公约》中个人申诉制度的决定性变革发生在 1998 年 11 月 1 日,也就是《欧洲人权公约第 11 号议定书》生效之日。欧洲人权委员会被撤销后,欧

---

① 此时其相关内容已经融入现行《欧洲人权公约》第 34 条:法院可以接受任何个人、非政府组织或者是个人团体提出的声称自己是公约和议定书所保障的权利遭到一个缔约国侵犯的受害人的申诉。缔约方承诺不以任何方式阻止有关当事人有效地行使此项权利。

② 1990 年 11 月 6 日通过的《欧洲人权公约第 9 号议定书》将《欧洲人权公约》中个人申诉的主体修改成个人、非政府组织及个人团体。

③ [美]托马斯·伯根索尔.国际人权法概论[M].潘维煌,顾世荣,译.北京:中国社会科学出版社,1995.

洲人权法院成了欧洲人权保护机制中重要的人权保护机构,并且直接受理个人申诉与国家间的指控。欧洲人权法院吸收了欧洲人权委员会原有的核心职能,成了一个全新的、司法独立的人权保护机构。[1] 此时,任何个人、非政府组织或者个人团体声称自己在《欧洲人权公约》或议定书中的权利遭受某一缔约国侵害时,可对其提出申诉,缔约国应承诺不以任何方式阻止有关当事人有效地行使此项权利。个人、非政府组织及个人团体有权直接提出申诉,而无须被指控缔约国声明接受,个人、非政府组织及个人团体向法院申诉也无须被指控缔约国承认法院的管辖权,欧洲人权法院对个人申诉案件的受理,由最开始需要缔约国的事前同意转变成了强制管辖。也就是说,《欧洲人权公约》的缔约国身份就意味着必须遵守《欧洲人权公约》第34条,就必须认可个人向欧洲人权法院提交个人申诉的权利,以及保护个人在个人申诉整个过程中的权利。其中应当包括个人向欧洲人权法院提出个人申诉之前以及个人申诉进行阶段的权利,而临时措施所保护的也正是提出个人申诉之前个人的权利。因此,临时措施作为个人申诉制度的保障性工具,其所发挥的效果也应当约束《欧洲人权公约》缔约国。欧洲人权法院对《欧洲人权公约》缔约国强制管辖权的建立,推动了个人申诉制度在欧洲人权保护机制中的发展,由此也增加了临时措施在欧洲人权保护机制中适用的可能性。

(二)个人申诉案件受理的双重标准

目前,欧洲人权法院对个人申诉受理的积极标准有:①穷尽国内救济。但是当无获得国内救济可能性,或者国内司法机构故意拖延时,都可以视为已经穷尽国内救济。②从国内最终司法决定作出之日起6个月内。③"严重侵犯"标准。④基于《欧洲人权公约》。欧洲人权法院对个人申诉受理的消极标准有:①匿名;②在本质上与已被法院审查的事项相同,或者与已被提交至另一国际调查或争端解决程序的事项相同,且不包含新信息的;③该申诉与公约及其议定书条文不相符,或者明显无根据,或者滥用申诉权。

由上面的表述可知,并非所有的个人申诉案件,欧洲人权法院都会指示临时措施。欧洲人权法院在确定标准方面有很强的自主权,根据公约规定,欧洲人权法院可以拒绝任何它认为不符合标准的申诉。实际上,大部分临时措施请求主体提出的临时措施请求都会被欧洲人权法院驳回,只有不到三分之一的请求会被欧洲人权法院接受。例如,2013年,欧洲人权法院最后接受指示临时措施请求的案件有108起,拒绝的临时措施请求则高达817起;2014年,欧洲人权法院接受指示临时措施请求的案件有216起,拒绝的有783起。从这么高的拒绝比

---

[1] 贺鉴.论欧洲人权保护中的个人申诉制度及其对非洲的借鉴作用[J].当代法学,2002(1).

例中可以看出,临时措施在欧洲人权法院审判中的适用是极其谨慎的。

(三)个人申诉制度与临时措施的并存与冲突

欧洲人权法院在审查个人申诉案件时,发现该案件并不符合上述个人申诉案件的受理标准,这是否会影响到欧洲人权法院指示临时措施的决定?答案是:不会影响。因为欧洲人权法院在指示临时措施时有自己独有的标准,指示临时措施的标准与欧洲人权法院受理个人申诉的标准并没有必然的联系。同时,前面所讲到的个人申诉是临时措施的土壤,也仅仅指提出个人申诉而并非指个人申诉被欧洲人权法院完全受理。总而言之,个人申诉制度的存在确如临时措施的土壤,临时措施便生于斯,长于斯。可以通过图Ⅰ清楚地了解个人申诉案件的处理流程,以方便弄清楚临时措施与个人申诉制度之间的关系。

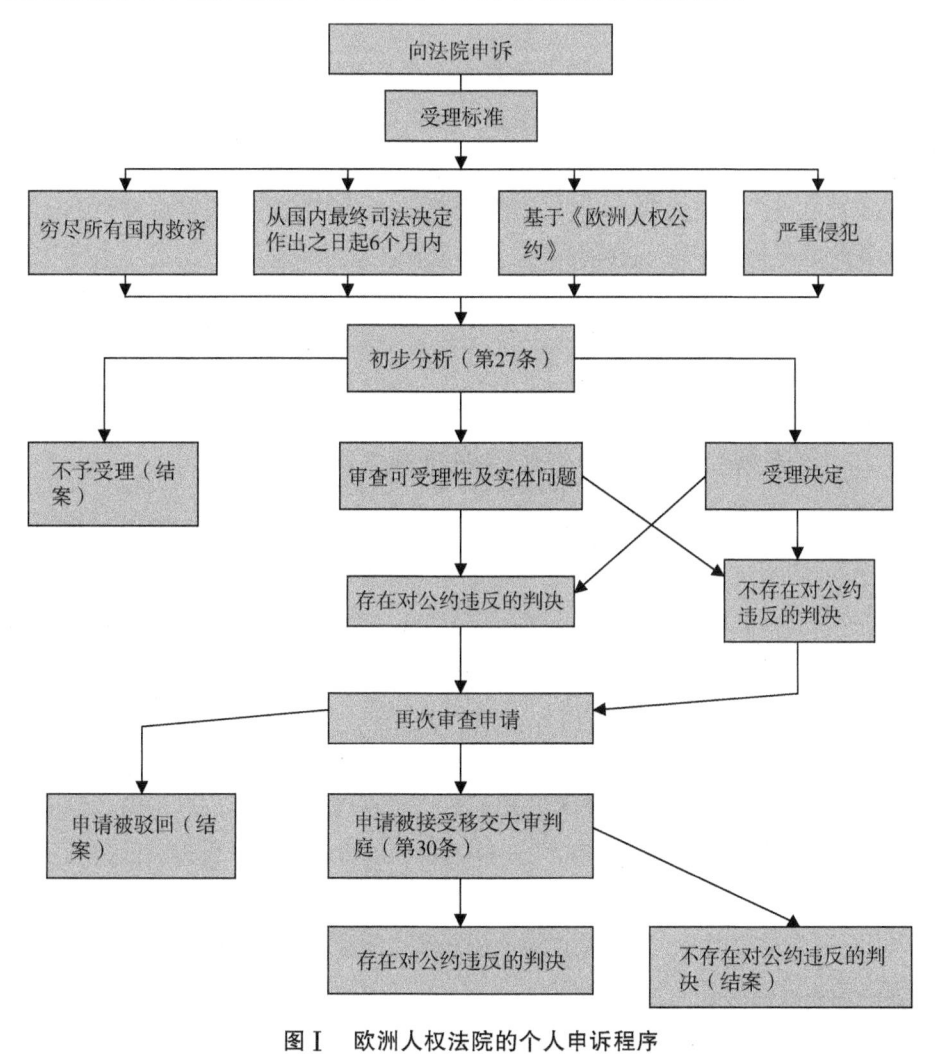

图Ⅰ 欧洲人权法院的个人申诉程序

上述复杂的个人申诉流程图中,只有"向法院申诉"一栏与临时措施存在紧密的联系,其他众多的步骤从本质上来说都是个人申诉的"内部问题"。欧洲人权法院在看待临时措施与个人申诉案件之间的关系时,只看是否提出了个人申诉,而不关心个人申诉是否真能够进入真正的审理阶段,是否会被欧洲人权法院受理,这便是个人申诉制度为临时措施提供制度基础的实质。

如上所述,欧洲人权保护机制中临时措施依附于个人申诉制度,但欧洲人权保护机制中临时措施请求的提出以及决定的作出与个人申诉制度并没有实质性的联系。这就如同冬虫夏草一般,冬虫夏草菌需要依附在蝙蝠幼虫身上,但是一旦冬虫夏草菌依附幼虫之上并开始生长,那之后冬虫夏草菌的生长状态就与蝙蝠幼虫的关系大大降低了。此处的临时措施便是冬虫夏草菌,而个人申诉制度便是蝙蝠幼虫。

所谓并存,是指个人申诉的提起是临时措施产生的前提。如果个人或个人团体单纯地提起临时措施请求,而没有提起个人申诉,那欧洲人权法院并不会受理临时措施请求。所以,对于个人或个人团体而言,如果想让自己提起的临时措施请求被欧洲人权法院接受,其必须在提起个人申诉的同时或之后向欧洲人权法院提起临时措施请求。所谓冲突,是指欧洲人权法院面对个人或个人团体提起的临时措施请求时,其是否作出受理的决定与个人申诉案件的可受理性无关。临时措施与个人申诉制度关系微妙,临时措施只是依附于个人申诉的提出,而不是依附个人申诉制度的整个运行过程,这就是冲突的实质。

二、国家间指控制度中产生临时措施之障碍

欧洲人权保护机制中的国家间指控制度与国际法院中国家间的诉讼有诸多相似之处,但为何国际法院在审理案件时有指示临时措施的可能性,而欧洲人权法院在审理国际间指控案件时,却鲜有指示临时措施的情况?下面便从欧洲人权保护机制中国家间指控的基本含义入手,探究国家间指控中产生临时措施的障碍之所在。

(一)国家间指控的含义

《欧洲人权公约》中的国家间指控是指任何缔约国如果发现其他缔约国有违反《欧洲人权公约》的行为,侵害了自身的权益,此方缔约国可通过欧洲委员会秘书长,将对另一缔约国破坏本公约规定的任何指控提交欧洲人权委员会。[①]

《欧洲人权公约第11号议定书》生效之后,《欧洲人权公约》对国家间指控的

---

① 《欧洲人权公约第11号议定书》生效之前《欧洲人权公约》第24条.

含义做了细微的调整,其中规定:任何缔约方可以向法院提交声称另一个缔约方违反了公约和议定书规定的案件,欧洲人权法院对国家间指控的管辖也是强制性的,不以缔约国的同意为管辖前提。欧洲人权法院处理个人申诉以及国家间指控的基本程序一样,在此处对国家间指控程序不再赘述。国家间指控制度与个人申诉制度的最大区别便是主体的变更,双方当事人由"一国一人"变成了"两国",所以从法理上来说,国家间指控完全有可能发生欧洲人权法院指示临时措施的情况,但现实并非如此。1953年至2014年期间,只有三十个左右缔约国提出过国家间指控,其中大部分案件是因为当时成熟的个人申诉制度还没有建立,迫于无奈才通过国家间指控制度来寻求救济,使国家对其违反公约的行为负担国际责任,其中鲜有临时措施产生。国家间指控在欧洲人权保护机制中的冷遇也预示着国家间指控只能够在理论的层面讨论临时措施问题。

（二）国家间指控制度中产生临时措施之障碍

既然国家间指控制度与个人申诉制度如此相似,为何临时措施并没有在国家间指控制度的土壤上"茁壮成长"？这主要是因为国家间指控制度着眼于宏观,国家利益才是国家间指控案件真正追寻的关键。国家间指控的实质就是在人权保护的外衣下国家间实力的交锋,国家利益是驱动国家互动的最基本因素。[①] 有学者将国家利益划分为以下次序:民族生存、政治承认、经济利益、主导地位和世界贡献。而据此学说,世界范围内的人权保护应当归属于世界贡献这一层次[②],也就是国家利益层级最低的次序,这也就表示人权问题不太可能成为国家间进行互相指控或者大动干戈的原因。

其实,细究以往的国家间指控案件便不难发现,这些案件没有一件单纯是为了保护人权而诱发的。例如,法国、挪威、丹麦、瑞典及荷兰诉土耳其案中,各国除了基于人道主义原因外,还有各国间外交关系的复杂性。但是为了将案件提交到欧洲人权法院,法国、挪威等国家就只能声称是为了保护人权而进行指控,否则欧洲人权法院很可能不予受理。各国在向欧洲人权法院提出国家间指控时,其所保护的乃是本国国民的权利,并非一般意义上的个人或个人团体的权利,这种依据国籍不同而采取不同人权保护的态度,实际与临时措施启动的初衷是相背离的。临时措施以人权保护为基本目标,这与个人申诉制度的诞生宗旨是相符的。而国家间指控制度却始终奉行国家利益至上,即本国利益与本国人权至上,对世界范围内的人权,也就是国家利益的最低层次并不十分关心。实际

---

① 李少军.论国家利益[J].世界经济与政治,2003(1).
② 阎学通.中国国家利益分析[M].天津:天津人民出版社,1997.

上,国家间指控可以看作国家通过启动国家间指控来实现对自己海外国民的外交保护①,这种情况下一般不存在紧急且极端严重的人权态势,因为其一般涉及的是财产权的问题,因此也不符合欧洲人权法院指示临时措施的标准之一。

此外,个人申诉制度的日渐成熟也使得个人或个人团体没有必要通过国家来实现个人或个人团体权利的保护。在个人申诉制度中,个人或个人团体可以最直接、最迅速地获得自身权利的保护,这样一来,在国家间指控中产生以人权保护为目的的临时措施的可能性就更低了。欧洲人权保护机制中的国家间指控制度正随着个人申诉制度的完备而不断弱化,欧洲人权法院在国家间指控案件中指示临时措施的可能性也越来越低。

第三节　指示临时措施标准内涵的重新定义

欧洲人权法院对欧洲人权保护机制中临时措施的程序流程并没有强制性的规定,但《临时措施请求实践指南》中清晰告知了临时措施的基本流程以及要求。② 除此之外,《欧洲人权法院规则》并没有明确规定欧洲人权法院指示临时措施的具体标准。有学者认为,欧洲人权保护机制中指示临时措施的标准应当与国际法院指示临时措施的标准没有差别。在笔者看来,国际法院指示临时措施的标准确实对欧洲人权法院指示临时措施的标准影响很大,但欧洲人权法院已经赋予了这些标准全新的含义。其中,欧洲人权保护机制中的人权文件以及

---

① 古祖雪,柳磊. 影响人权条约国家间指控机制实施效果的因素[J]. 太平洋学报,2008(11).

② 在实践中,欧洲人权法院确对提出临时措施请求主体所处的管辖范围有一定的限制:任何处于《欧洲人权公约》缔约国管辖之下的个人,在面临可能给自身造成不可恢复的损害或是意图提起个人申诉时,均可依据《欧洲人权法院规则》第 39 条提出临时措施的请求。在这里,国籍并不是影响个人是否有权提出临时措施请求的因素,而是否处于《欧洲人权公约》缔约国的管辖范围之内成了临时措施请求主体是否有权提出临时措施的重要条件之一。《临时措施请求实践指南》规定,临时措施请求主体在提出临时措施请求时,可使用欧洲人权法院在网上提供的个人申诉案件中的申诉表格。此表格中所要求填写的信息已经可以满足欧洲人权法院处理临时措施请求的需要,但是对于其他任何形式的文本,欧洲人权法院同样予以接受,这其实也反映了欧洲人权法院面对临时措施的请求更注重的是实体方面的标准。临时措施请求主体提出临时措施的请求之后,至少应给欧洲人权法院一个工作日来处理,这种强制性的规定旨在强迫欧洲人权法院及时对临时措施的请求作出回应。虽然欧洲人权法院周六、周日及法国的公共节日不上班,但是仍有值班人员会处理来自欧洲各国的临时措施请求,也就是说一年 365 天,欧洲人权法院每天都有人处理提出的临时措施请求。此外,欧洲人权法院在处理临时措施请求的整个过程中不收取任何费用。临时措施的请求应当在合理的时间内单独提出,附上有说服力的原因以及相关的文本资料,文本资料中应当包括国内权威或司法机构的最后决定。必须强调的是,此过程还要遵守《临时措施请求实践指南》,否则提出的临时措施请求很可能会被拒绝。

判例实践发挥了重要的作用。目前,欧洲人权法院在指示临时措施时所依据的标准基本都是在欧洲人权法院的长期实践中慢慢形成的,也是《欧洲人权法院规则》第 39 条的具体化。①

一、个人申诉案件可受理性的忽略

决定个人申诉案件可受理与否的关键因素,也是最具有争议性的因素便是:申诉人是否穷尽了国内救济。穷尽国内救济,必须根据"普遍承认的国际法原则",已经用尽国内救济办法,其中包括国内救济的无法获得,国内司法机构不适当的拖延也可以看作已经穷尽国内救济。这里的国内救济必须在国内法律中有明确规定,并且在实践中可以发挥切实的作用,穷尽国内救济是目前全球人权保护机制中公认的提出个人申诉的要求之一。而且,在《欧洲人权公约第 11 号议定书》生效之前,这一标准也一直被认为是欧洲人权委员会要求临时措施的条件之一。目前,无论是联合国人权事务委员会还是联合国禁止酷刑委员会,都认为个人申诉案件的可受理性并不会影响临时措施请求的正常审查与处理。

从前文中的个人申诉程序流程图中可以看出,排在第一位的受理标准便是穷尽国内救济,那么穷尽国内救济是否也是提出临时措施请求的必备标准之一?其实,穷尽国内救济并非临时措施请求主体提出临时措施请求的标准之一,欧洲人权法院在指示临时措施时也并不会审查临时措施请求主体是否穷尽了国内救济,或者个人申诉案件的可受理性。

其实,欧洲人权法院面对个人或个人团体提起的个人申诉,其处理结果与国内法院处理民事诉讼的结果略微相似。以我国为例,任何民事权利主体都有提起诉讼的权利,但是面对民事权利主体提出的诉讼,法院除了受理之外还可能作出以下几种裁定或判决:①裁定受理;②裁定不予受理;③裁定驳回起诉;④判决驳回诉讼请求。② 就如同《欧洲人权公约》赋予了缔约国管辖内的个人或个人团体提出个人申诉的权利,而个人或个人团体在提起个人申诉案件时是否穷尽国内救济只是欧洲人权法院是否受理个人申诉的标准之一,并不影响申诉人向欧洲人权法院提出个人申诉。也就是说,欧洲人权法院面对个人或个人团体提

---

① 此外,临时措施请求主体提出临时措施的请求必须附上具有说服力的理由,必须详尽阐述其所惧怕的理由、可能发生的侵害以及被指控违反了《欧洲人权公约》的具体条款。欧洲人权法院应当对上述内容进行一一审查并考虑是否应当作出指示临时措施的决定。经过审查,当欧洲人权法院认为如果不指示临时措施很可能会导致个人或个人团体的权利面临紧急、严重且不可恢复性损害时,欧洲人权法院面对个人申诉案件中的申诉人或其代理人提出的临时措施请求,可决定是否指示临时措施。

② 《中华人民共和国民事诉讼法》(第十一届全国人民代表大会常务委员会第二十八次会议于 2012 年 8 月 31 日通过,自 2013 年 1 月 1 日起施行)第 154 条。

出的个人申诉请求是无权拒绝的,但是可以在进行审查的过程中因为个人或个人团体未穷尽国内救济而不予受理个人申诉。欧洲人权法院对个人申诉案件的不受理并不影响欧洲人权法院指示临时措施,因为欧洲人权法院指示临时措施只是与个人申诉的提出有关。从时间上看,欧洲人权法院指示临时措施的时间点一般在欧洲人权法院作出是否受理个人申诉决定之前,所以欧洲人权法院是否指示临时措施与是否受理个人申诉并无必然联系。

二、紧急且极端严重的情势

对于"紧急"的界定,欧洲人权法院更为严格,趋向于以时间的紧迫性来界定。例如,在 M. B. 等人诉土耳其案中,欧洲人权法院对当天可能发生的事件认定为紧急,并且在同一天内连续两次指示土耳其采取临时措施。这比2003年的墨西哥诉美国案中国际法院对紧急的认定标准要严苛得多。当然,这种时间上的把握仍然是由欧洲人权法院根据临时措施请求主体提交的基本资料以及欧洲人权法院自身对情况的了解来决定的。

对于"极端严重"的界定,欧洲人权法院一般以《欧洲人权公约》第2、3、4、6、8条为判断标准,只有可能危及上述条款中的权利时,欧洲人权法院才会认定其为"极端严重"。不可否认的是,对于"紧急且极端严重"的判断,是靠欧洲人权法院在综合基本案情的前提下作出的。"紧急且极端严重"标准的界定存在很大的不确定性,正是因为这样,欧洲人权法院在其中的责任尤为重大,所以必须不断完善《欧洲人权法院规则》,规范欧洲人权法院在指示临时措施过程中的各种行为,使欧洲人权法院在指示临时措施过程中的各项活动公正、公开。让当事双方能够获悉欧洲人权法院指示临时措施的具体标准,这样公正透明的程序才能真正保证欧洲人权法院指示的临时措施具有相当的说服力。

对于"紧急"的认定,欧洲人权法院依然具有很强的主观因素;而对于"极端严重"的认定,欧洲人权法院已经具有了自己的具体标准。这其实也预示了欧洲人权法院指示临时措施标准的发展趋势,客观、具体的标准正在欧洲人权法院指示临时措施的过程中不断形成。

三、可能遭受不可恢复性损害

欧洲人权委员会未取消之前也强调过,只有当权利可能遭受不可恢复性损害时,才可能发生要求指示临时措施的情况。哪些权利是一旦损害就无法恢复到最初原始状态的呢?其实一般的基本人权都具备这一特性,但在欧洲人权法院看来到底哪些具体的基本人权符合这一特性才是最关键的。欧洲人权法院作为《欧洲人权公约》最核心的司法机关，其最关心的权利必然是《欧洲人权公约》中所罗列的各种基本人权。所以，只有个人申诉案件中可能遭受不可恢复性损害的权利是《欧洲人权公约》中所列明的权利，欧洲人权法院才有可能为了保护这些权利而指示临时措施。

总结欧洲人权法院的众多案例，可以看出以下几项是欧洲人权法院认为可能遭受不可恢复性损害的权利：①生命权与禁止遭受酷刑的权利。死刑案件、当事人身患重病且无法获得合理医疗条件的案件、引渡或驱逐中可能造成被引渡人或被驱逐者死亡的案件以及非法拘禁类案件，这些案件中涉及《欧洲人权公约》第2条与第3条中所规定的权利内容。②禁止被奴役与强迫劳动的权利。随着现在全球法治的推进，殖民地以及不合理掠夺的情况减少，此类案件也在不断减少。③获得公正审判的诉讼权利。目前，在获得公正审判的案件中，临时措施数量增长较快，欧洲人权法院越来越重视审判中当事人正常诉权的行使问题。④隐私及家庭生活不受干涉的权利。涉及隐私与家庭生活的相关案件是欧洲人权法院新面对的案件。

上述几类权利是欧洲人权法院在长期实践中得出的结论，而且在审判一个案件时可能不仅仅涉及一个权利。例如，在伊斯梅利诉德国案中，当事人伊斯梅利不仅面对生命权被剥夺的可能性，同时未得到德国司法机构的公正审判。在科迪安诉土耳其案中，科迪安被土耳其司法机构判处死刑，而其实科迪安所面临的死刑判决也并非土耳其司法机构公正审判的结果。到目前为止，欧洲人权法院指示的临时措施中，大部分案件是关于死刑、酷刑以及公正审判问题的。基于欧洲人权法院长期的案件审判经验，其指示临时措施的标准也在慢慢地由"抽象"走向"具体"。欧洲人权法院通过案例的积累与总结将所谓的"可能遭受不可恢复性损害"实体化，由此不仅可以指导以后的司法审判，也可以告知当事人在何种情况下可以通过请求临时措施的方式来保护自己的相应权利。

四、临时措施标准举证责任的承担

欧洲人权法院受理个人申诉的标准与受理临时措施请求的标准是不一样的，因为提出临时措施的请求一般都是情况紧迫。而且，欧洲人权法院面对临时措施的请求时都是在较短的时间内作出反应，这种时间的紧促性必然会造成临时措施请求主体在准备上的不足。所以在提出临时措施请求时，一般是以口头表述为主，附加上基础性文件证明，这也是为了方便临时措施请求主体更好地行使自己的权利。所有这一切均由临时措施请求主体或其代理人承担，这也符合法理上的"谁主张，谁举证"原则。

在提出临时措施请求时,临时措施请求主体可以通过口头、传真或复印的形式尽可能地将证据提交给欧洲人权法院,使欧洲人权法院相信临时措施请求主体面临真实紧迫的危险,并且这种危险会给临时措施请求主体造成不可恢复性的损害。一般来说,欧洲人权法院只需要几天时间便可以完成对临时措施请求的处理。临时措施请求主体在向欧洲人权法院阐述个人的基本信息以及相关的事实背景时,应尽可能地提供文本资料,如果临时措施请求主体只是表达了自己的恐惧或是担心,欧洲人权法院并不会将这视为具有说服力的证据。临时措施请求主体在请求指示临时措施进行举证时,应当指出其所期望临时措施的起止时间,因为临时措施请求主体对临时措施持续时间的要求,实际上就反映了所谓的紧迫危险在其主观意识中的状态,是欧洲人权法院评判紧迫危险的标准之一。如果临时措施请求主体不愿意指出其所期望的临时措施的起止时间要求,那么应当在请求中说明原因。

欧洲人权法院曾声称:"由于临时措施的特点,欧洲人权法院必须在接受临时措施请求后很短的时间内就作出是否指示临时措施的决定……所以指示临时措施的决定作出之时,欧洲人权法院一般仍未对案件的实体内容作出最终的判决……其实,欧洲人权法院指示的临时措施维持了权利的现状,恰恰保证了欧洲人权法院对案件最后的审判权……当然不排除某些情况下,欧洲人权法院指示临时措施的决定受到欧洲人权法院对案件实体问题最后的审判结果的挑战或是否定。"这其实也说明了,欧洲人权法院对临时措施的证据要求标准与对个人申诉的证据要求标准相比是较低的,所以,大部分情况下,临时措施请求主体所提供的证据比较容易满足欧洲人权法院的要求。

一般情况下,欧洲人权法院拒绝临时措施请求主要有以下原因:①临时措施请求主体无足够证据证明所谓的紧迫性并能造成不可恢复性损害危险的存在。②临时措施请求主体主张的权利并不是《欧洲人权公约》所保护的权利。如果临时措施请求主体因为无法在提出临时措施请求时为自己的主张提供足够有支撑力的证据,欧洲人权法院很可能会拒绝临时措施请求主体的请求。但这并不代表临时措施请求主体丧失了再次请求欧洲人权法院指示临时措施的权利。其实,第一次提出临时措施请求被拒绝之后,临时措施请求主体可以再次提出临时措施请求,如果欧洲人权法院在审查过程中发现并没有新的事实出现,一般会认定为重复请求并予以拒绝。临时措施请求被拒绝之后,临时措施请求主体(通常也是个人申诉制度的申诉人)可以依据《欧洲人权公约》第 34 条继续进行个人申诉案件的相关活动。

欧洲人权法院在指示临时措施的过程中,在责任的分担上符合一般的举证规则,基本是由临时措施请求主体承担举证的责任,这些细微的特征也从侧面证明了国内法与国际法之间的紧密联系。

第四节　临时措施的法律约束力

临时措施的法律约束力就如同临时措施的生命,也是临时措施价值的真正所在。所以对欧洲人权保护机制中临时措施法律约束力进行研究能够更好地了解临时措施的实质,并帮助发现临时措施核心问题所在,促进临时措施的下一步变革。

一、临时措施法律约束力来源

(一)《欧洲人权法院规则》第39条

全球各人权保护机制都希望通过人权条约对临时措施的法律约束力作出直接规定,但人权条约的缔结与生效存在诸多障碍,所以人权机构的程序规则成了另一个选择。在欧洲人权保护机制中,比较典型的例子就是欧洲人权法院在《欧洲人权公约》未对临时措施作出规定的情况下,通过《欧洲人权法院规则》来弥补。

《欧洲人权公约》并没有对临时措施作出直接规定,但《欧洲人权法院规则》具体规定了欧洲人权法院指示临时措施的相关规定,其可以看作欧洲人权法院指示临时措施的最直接法律约束力来源。《欧洲人权法院规则》第39条规定:(1)基于此条第4款产生的审判庭、庭长或是负责的法官,从当事双方利益出发或因正当程序的需要,在适当的时机基于自身意愿、一方当事人或是相关人的请求可以指示当事双方采取适当临时措施;(2)在个人申诉案件中,欧洲人权法院指示临时措施之后应及时通知欧洲委员会部长委员会;(3)基于此条第4款产生的审判庭、庭长或是负责的法官可要求当事双方提交与所指示临时措施执行相关的信息;(4)欧洲人权法院院长可任命某一阶段的副庭长担任负责的法官对临时措施的请求作出决定。

《欧洲人权法院规则》对临时措施的相关规定较为具体与全面。例如,《欧洲人权法院规则》规定,欧洲人权法院的审判庭、庭长、副庭长以及负责的法官均可以启动临时措施的程序,这种主体的广泛性就增加了欧洲人权法院启动临时措施的可能性。此外,欧洲人权法院指示的临时措施突破了以往临时措施狭隘的最初目的,开始将保护的目的由个人或个人团体的权利扩展到对双方当事人的权利与正当程序的维护。这种由微观到宏观的转变预示了临时措施后期的发展方向不再局限于个人或个人团体的权利,而是从维护现状与程序公正出发,保证当事人双方权利的原始状态不发生变化。

由《欧洲人权法院规则》对欧洲人权保护机制中的临时措施作出规定,从某种程度来说是无奈之举,是退而求其次的结果。欧洲人权法院从联合国人权保护体制中临时措施的处境中清晰地认识到,只有通过人权条约对临时措施作出规定,尤其是对临时措施效力方面作出规定,才能保证欧洲人权法院指示的临时措施真正被《欧洲人权公约》缔约国所遵守。但《欧洲人权公约》作为欧洲区域人权保护的重要文件,其制定与修改程序烦琐复杂,在实际中也有太多不言自明的政治与外交因素干扰。相比之下,《欧洲人权法院规则》作为欧洲人权法院运行规则,制定以及修改程序都较为简单。最开始《欧洲人权法院规则》很好地弥补了《欧洲人权公约》临时措施规定的缺失,但正是因为《欧洲人权法院规则》仅为欧洲人权法院的运行规则,这为后来各国对临时措施法律约束力的争执埋下了伏笔。

在《欧洲人权公约》缔约国看来,这些人权机构的程序规则仅仅告诉人权机构如何运作,以及要求或指示临时措施的具体操作内容,并不会赋予人权机构所要求或指示的临时措施法律约束力。直到现在,依然有很多国家不承认程序规则能够给临时措施带来法律约束力,而这些国家选择遵守临时措施的原因更多是出于对欧洲人权委员会、欧洲人权法院以及保护基本人权原则的尊重。但在笔者看来,《欧洲人权法院规则》确实为欧洲人权法院指示临时措施的法律约束力来源之一,只是与人权公约相比,这一法律约束力存在一定的局限性。

(二)《欧洲人权公约》

《欧洲人权公约》是目前欧洲人权保护机制中重要的人权条约,欧洲人权委员会与欧洲人权法院均是依据《欧洲人权公约》而设立的。所以,欧洲人权委员会与欧洲人权法院要求或指示临时措施的行为实际上就是在行使《欧洲人权公约》赋予二者的权力。由此可以认为,《欧洲人权公约》缔约国对欧洲人权委员会与欧洲人权法院所要求或指示临时措施的违反,实际上就构成对《欧洲人权公约》的违反。欧洲人权法院从《欧洲人权公约》的目的与宗旨这一宏观层面来作解读,实际上弥补了《欧洲人权公约》中没有对于临时措施具体规定的缺憾,乃欧洲人权法院在案例审判中的明智之举。而且,从《欧洲人权公约》的目的与宗旨出发来确定欧洲人权法院所指示临时措施的法律约束力,其实就赋予了欧洲人权法院灵活处理此问题的权力。另外,在欧洲人权保护机制的建立过程中,大陆法系与英美法系在其中作出了共同的努力,实践中的欧洲人权法院更偏向于英美法系的法院运行模式,偏好对案例的重视。恰是因为欧洲人权法院对案例的重视,使得欧洲人权法院有机会、有能力通过对案件的判决所形成的判例来为欧洲人权法院指示的临时措施提供补充性的法律约束力来源。其中,《欧洲人权公约》第34条便是欧洲人权法院通过审判实践而将其确定为临时措施法律约束力的来源之一。

《欧洲人权公约》第34条规定:法院可以接受任何个人、非政府组织或者是个人团体提出的声称自己是公约和议定书所保障的权利遭到一个缔约方侵犯的受害人的申诉。缔约方承诺不以任何方式阻止有关当事人有效地行使此项权利。虽然《欧洲人权公约》第34条中并没有出现"临时措施"的字样,但欧洲人权法院在马塔库洛夫与阿斯卡诺夫诉土耳其案中构建了个人申诉制度与临时措施之间联系的桥梁。在此案中,欧洲人权法院在判决中强调,欧洲人权法院指示的临时措施具有法律约束力,对临时措施的违反不仅仅违反《欧洲人权法院规则》,也构成对《欧洲人权公约》的违反。同时,欧洲人权法院也引用相关国际法基本原则来证明违反临时措施的严重性。而且临时措施以个人申诉制度为基础,从某种程度来说,临时措施为个人申诉制度的一部分,所以对临时措施的违反也就是对个人申诉制度的违反。此外,在拉贝斯诉斯洛伐克案的判决中,欧洲人权法院表达过相似的意思。

欧洲人权法院在马塔库洛夫与阿斯卡诺夫诉土耳其案中对临时措施法律约束力的表述成为欧洲人权保护机制中临时措施法律约束力的最强音,使《欧洲人权公约》成了临时措施法律约束力的效力来源。在本案中,欧洲人权法院还赋予了《欧洲人权公约》第34条另一种含义,强调了临时措施法律约束力与《欧洲人权公约》第34条之间的关系,使《欧洲人权公约》具有了临时措施法律约束力来源的特性。

(三)欧洲人权法院自身的司法特性

有学者认为,司法机构具有指示临时措施的权力应当是其司法功能的内在组成部分,甚至应当被看作国际法的一般原则之一。在笔者看来,此观点有一定的可取之处。因为国家通过某种方式承认司法机构的管辖权时,就相当于承诺遵守该司法机构做出的行为,这样才能够体现司法机构在案件审判过程中的权威并保证司法机构管辖权的真正意义。如果国家表示接受相关司法机构的管辖,但在审判过程中对司法机构的行为却不理不睬甚至刻意违反,那诉讼管辖权的存在便毫无意义。《欧洲人权公约第11号议定书》的生效使得欧洲人权法院对缔约国构成强制管辖权,所以欧洲人权法院自然可以通过指示某些行为或措施要求审判中的缔约国遵守,这实际上就是管辖权的意义所在。况且,欧洲人权法院指示的临时措施一般是要求缔约国采取或不采取某些行动,根本无法构成对国际法上主权的侵犯,所以欧洲人权法院作为欧洲人权保护机制中重要的人权司法机构,有权力要求缔约国遵守其指示的临时措施。

欧洲人权法院对《欧洲人权公约》缔约国的强制管辖就代表国家必然承认个人、非政府组织及个人团体有向欧洲人权法院提出个人申诉的权利,那么国家就应当保证个人申诉制度能够不因自身行为而中断或中止。这是为了保证欧洲人权法院能够正常地发挥其司法机构的功能。欧洲人权法院指示的临时措施保护的是个人申诉中的个人或个人团体的权利,如果因国家未遵守临时措施而造成个人申诉中个人或个人团体的死亡、失踪或是受到严重伤害而无法正常进行个人申诉,国家的行为就构成了对个人申诉制度的破坏,也就是构成了对《欧洲人权公约》第34条的违反。欧洲人权法院对个人申诉案件的审判,从本质上讲就是司法机构进行审判的最基本活动,如果缔约国对欧洲人权法院指示的临时措施不予理睬,必然会影响个人申诉案件的正常审理,也就是对欧洲人权法院行使司法职能的干预。所以,缔约国对临时措施的违反间接影响欧洲人权法院司法功能的发挥,则是对欧洲人权法院所享有的强制诉讼管辖权的蔑视。

《欧洲人权公约》已经赋予了欧洲人权法院在欧洲人权保护体制中的司法权力,其可以根据审判的需要来采取必要的行为以发挥其司法功能,保证审判的顺利进行。欧洲人权法院应当在欧洲人权保护机制中具有一种类似于国内法院的神圣地位,任何当事人不得随意违反欧洲人权法院的审判行为。[①] 当然,所有这一切的前提是欧洲人权法院在审判活动中亦应当遵守国家主权平等原则。

二、临时措施法律约束力的演变历程

一般认为,各国对国际法的遵守完全是出于本国的自愿,所以国家有权决定是否遵守国际条约或协定的规定。《欧洲人权公约》生效不久,部分国家认为对欧洲人权委员会与欧洲人权法院所要求或指示临时措施的遵守也应当出于各国的自愿,除非各国对包含临时措施的人权条约表示明确接受,临时措施才会对其产生法律约束力。而现实是,临时措施的直接规定仅仅存在于程序规则这样的

[①] 值得一提的是美洲人权法院在处理 Godinez Cruz v. Honduras 案中的做法,美洲人权法院将自身的司法特性当作理由,确认了临时措施的法律约束力,这一点值得欧洲人权法院借鉴。在本案中,美洲人权法院认为其指示临时措施的依据不限于《美洲人权公约》,还源自"美洲人权法院作为司法机构的基本特征与功能"。Thomas Buergenthal 在 *Interim Measures in the Inter-American Court of Human Rights* 一文中提到,美洲人权法院基于自身司法机构的内在特征指示临时措施,实际上已经突破了《美洲人权公约》赋予美洲人权法院指示临时措施权力的瓶颈,从保护人权的角度来看,这无疑是进步的。这或许可以为包括欧洲人权保护机制在内的各人权保护机制提供解决此问题的思路。

文件中，根本没有人权条约对临时措施作出详细规定，这也就点燃了部分国家无视临时措施的引线。同样，《欧洲人权公约》中临时措施相关规定的空白，也解释了欧洲人权委员会早期要求的临时措施为什么会在《欧洲人权公约》缔约国中遭到冷遇。

其实，临时措施缺乏人权条约的规定并不是欧洲人权保护机制独有的问题，联合国人权保护机制中也存在类似情况。值得庆幸的是，现实中大部分国家面对欧洲人权法院指示的临时措施基本都能谨慎遵守，在马塔库洛夫与阿斯卡诺夫诉土耳其案中，欧洲人权法院基于请求人请求，指示土耳其采取临时措施，不得随意引渡请求人，而土耳其却将他们引渡到乌兹别克斯坦。请求人在乌兹别克斯坦将面临长时间监禁以及禁止与律师会面等问题。在本案中，面对欧洲人权法院指示的临时措施，土耳其争辩国家并没有义务受欧洲人权法院指示的临时措施的约束。其实，在之前的科鲁兹·瓦拉等人诉瑞典案中，欧洲人权法院确实认为其指示的临时措施不具备法律约束力。这其实也反映了欧洲人权法院当时指示临时措施面临的困境，因为在马塔库洛夫与阿斯卡诺夫诉土耳其案之前，《欧洲人权公约》缔约国一般认为欧洲人权法院指示的临时措施并不具备技术上的约束力，这似乎成了一条铁律。

但这一次欧洲人权法院的态度较为强硬，其认为早期欧洲人权法院对科鲁兹·瓦拉等人诉瑞典案的判决虽然支持临时措施对国家不具有法律约束力，但是只是出于当时法律发展的局限性。这次，欧洲人权法院认为自己不应当仅仅固守过去的规则，而应当改变，应该学会吸收其他人权保护机制中临时措施的经验。欧洲人权法院开始吸收和借鉴其他人权保护机制下临时措施的相关内容。例如，联合国人权事务委员会认为，国家对临时措施的不遵守构成对《公民权利和政治权利国际公约》以及其议定书所规定义务的违反。欧洲人权法院从联合国人权事务委员会的做法中受到启发。在2003年2月6日的判决中，审判庭最终以6票比1票，认为土耳其对欧洲人权法院指示临时措施的漠视构成了对《欧洲人权公约》第34条的违反，并且强调遵守临时措施对执行欧洲人权法院的判决是非常必要的。欧洲人权法院宣称：一个国家同意加入某一条约并接受法院的管辖，其不仅应当遵守相关条约的实体条款，也应当遵守相关的程序性条款，其中就应当包括个人申诉制度。土耳其面对欧洲人权法院的上述言辞，依然我行我素，所以欧洲人权法院认定，土耳其未遵守临时措施便构成本案中"迫切关心的事件"，构成对《欧洲人权公约》第34条的违反。

欧洲人权法院大审判庭对马塔库洛夫与阿斯卡诺夫诉土耳其案的判决颠覆了欧洲人权法院之前关于临时措施是否具有法律约束力的观点。在此案之前，无论是最初的欧洲人权法院还是1998年之后的欧洲人权法院,都不认为临时措施具有法律约束力。但随着国际法治化的深入,欧洲人权法院开始跳出欧洲人权保护机制中临时措施的陈旧规则,吸收借鉴其他人权保护机制下机构的相关内容,最终确定了临时措施具有法律约束力这一特性,这无疑是欧洲人权保护机制的重大进步。欧洲人权法院大审判庭对马塔库洛夫与阿斯卡诺夫诉土耳其案的判决也引起了相当大的争议。部分学者提出疑问,欧洲人权法院大审判庭在此案中所做的解释是否超越了《欧洲人权公约》赋予欧洲人权法院权力的边界?这样的行为是否跨入了国际法造法的禁区?目前,这些质疑的声音已经越来越弱,认可临时措施的法律约束力已经慢慢成了全球人权保护机制中的共识。而且,随着近几年欧洲人权法院指示临时措施数量的不断增加,欧洲人权法院在临时措施方面的强势态度也对意图不遵守临时措施的国家起到了很好的震慑作用。

欧洲人权法院指示临时措施的法律约束力受到越来越多国家的认可,但欧洲人权法院并没有停止前进的脚步。现在的欧洲人权法院不再只关注欧洲人权法院指示临时措施的开始阶段,也开始监督当事国是否切实遵守临时措施,并进行评估。欧洲人权法院指示临时措施之后,当事国必须采取行动向欧洲人权法院证实自身确实遵守了临时措施。在某些特殊情况下,如果当事国因为客观阻碍因素而出现无法遵守临时措施的情况,其必须尽力排除客观阻碍因素,并及时通知欧洲人权法院。欧洲人权法院对相关国家遵守临时措施情况的关注,就说明了欧洲人权法院自身认可其所指示的临时措施,认定其自身所指示的临时措施具有法律约束力。

欧洲人权法院在监督与评估当事国是否遵守临时措施时,一般坚持如下标准:①指示临时措施之前紧迫的危险是否有可能发生。指示临时措施的目的就是避免临时措施请求主体遭受紧迫的危险,如果紧迫的危险最后依旧发生,只能说明当事国并未积极地遵守临时措施。②当事国采取行动的时间。欧洲人权法院指示临时措施之后,如果当事国迅速响应并采取行动,便可以被看作遵守临时措施。从实践来看,欧洲人权法院为了避免紧迫危险造成不可恢复的损害,一般是在临时措施请求主体提出请求之后几个小时之内作出指示,反应时间很短,所以当事国是否能够在很短的时间内采取行动也是欧洲人权法院特别重视的。③当事国的主观意志也是评判标准之一。欧洲人权法院主要从当事国的外部行为来对其主观意志作出判断,这其实跟国内法院在审判过程中对犯罪嫌疑人或被告主观地考察道理相同。如果欧洲人权法院通过上述评估发现当事国可能没有遵守临时措施,当事国可以提供相应的证据来证明自己确实遵守了;如果欧洲

人权法院不认同证据的效力,那么当事国很可能要面临相应的制裁。欧洲人权法院判断当事国是否遵守临时措施的内部规范如下:

  欧洲人权法院目前是欧洲人权保护机制中重要的人权司法机构,其设置的目的与宗旨便是实现人权保护,所以欧洲人权法院基于此目的所实施的一切行为都应当具备相应的约束力。其中,欧洲人权法院指示临时措施便是为了实现《欧洲人权公约》赋予欧洲人权法院保护人权的职能,所以欧洲人权法院指示临时措施的法律约束力也来自《欧洲人权公约》中确认欧洲人权法院保护基本人权这一职能的相关条款。欧洲人权法院曾提到:《欧洲人权公约》中规定的人权执行与监督制度,并且其以保护基本人权为目的,这些特性就决定了欧洲人权法院为了保护《欧洲人权公约》中的权利采取具有约束的措施。此外,欧洲人权法院监督与评估相关当事国是否遵守临时措施的表现实际上就是临时措施法律约束力的直观表现。试想一下,如果欧洲人权法院指示的临时措施不存在法律约束力,欧洲人权法院便没有必要去监督与评估相关国家遵守临时措施的情况了。

  总而言之,欧洲人权法院指示的临时措施就是欧洲人权法院执行《欧洲人权公约》的行为。无论是基于《欧洲人权公约》还是欧洲人权法院本身的司法特性,这一行为具有法律约束力已经成为既定事实。

三、临时措施法律约束力的持续时间

  《欧洲人权法院规则》实际上并没有规定临时措施的终止时间,关于临时措施起止的规定是欧洲人权法院在实践中慢慢确定的。

  临时措施的起始时间比较容易确定,一般以指示临时措施的要求到达当事国为开始。而临时措施的终止可以自然终止也可以撤销[①],自然终止一般指造成紧急且极端严重情势的因素消失,而撤销一般有以下几种情况:

  (1)欧洲人权法院主动撤销。如果欧洲人权法院发现临时措施请求主体所处的紧急危险已经不存在,欧洲人权法院可撤销临时措施。例如,在埃因霍恩诉法国案中,欧洲人权法院最初指示法国延迟向美国引渡埃因霍恩的日期,因为埃因霍恩引渡到美国之后很可能遭受不公平的审判或被判处死刑,基于此,欧洲人权法院指示上述临时措施。后来,欧洲人权法院调查发现,埃因霍恩如果被引渡到美国,将会接受全新且公平的审判,不会被处以死刑,欧洲人权法院便撤销了临时措施。

  (2)临时措施请求主体请求欧洲人权法院撤销临时措施。欧洲人权法院面

---

① 这一点与国际法院指示临时措施的终止基本一致,参见《国际法院规则》第76条。

对临时措施请求主体撤销临时措施的请求一般都会选择支持,因为临时措施请求主体自身最清楚紧急且极端严重的情势是否存在。

(3) 当事国有足够的证据可使欧洲人权法院相信确实不存在可能会造成不可恢复损害的紧急危险,此时基于被指控国家的承诺,可撤销临时措施。其实在更多的时候,欧洲人权法院都不会公布临时措施的终止日期,而且有些国家甚至在临时措施终止之后仍然会遵守临时措施的相关内容。此外,如果临时措施请求主体在提出临时措施时表达了对临时措施起始至终止时间的界限意向,欧洲人权法院会适当考虑。

欧洲人权法院对临时措施持续时间的控制其实也是行使其指示临时措施权力的一种方式,其能够根据人权状况灵活地决定临时措施的终止时间。如此一来,既能够保证当事人权利不受侵犯,同时又能控制临时措施对当事国产生的不良影响。

四、临时措施的适用范围及延伸

《欧洲人权法院规则》中并没有明确列出临时措施的适用案件及范围,但欧洲人权法院在长期的案例实践中形成的案例法却给出了答案。

(一) 现阶段临时措施的适用范围

前面已经提到过,欧洲人权法院指示临时措施的案件主要涉及以下几种权利:①生命权与禁止遭受酷刑的权利;②禁止被奴役与强迫劳动的权利;③获得公正审判的诉讼权利;④私生活与家庭生活受到尊重的权利。从目前欧洲人权法院受理案件的实际情况来看,驱逐与引渡案件中被驱逐者与被引渡者的上述权利尤为容易受到侵害,所以欧洲人权法院指示的临时措施多发生于此类案件中。但实际上欧洲人权法院在指示临时措施时关心的并不是案件的性质,而是更多地关心案件中个人权利所处的状态。此外,欧洲区域发生的其他案件也很可能对个人的上述权利产生极大的威胁,下面将临时措施发生的案件进行总结。

(1) 涉及驱逐与引渡的案件。以1974年至2009年期间的2207起临时措施为例,其中超过60%涉及驱逐与引渡,临时措施保护的个人中有75%为非欧洲地区国家公民。由此可见,临时措施对驱逐与引渡类案件的"偏爱",而且欧洲人权法院并不会因为国籍的问题而忽视案件中需要保护的个人或群体权利。当然,并不是所有的驱逐与引渡案件都会使欧洲人权法院指示临时措施,只有在驱逐与引渡类案件中涉及对《欧洲人权公约》中某些权利的侵犯时,才可能出现欧洲人权法院指示临时措施的情况。

欧洲人权法院指示临时措施的驱逐与引渡类案件具体可以分为以下几类:

①涉及难民相关权利的案件。在某些国家看来,欧洲区域的难民流窜于欧洲各个国家会造成一定的社会治安问题,甚至引发更大的社会问题,所以会动用本国的政府力量将难民驱逐或引渡。部分难民认为,如果他们被驱逐或引渡至本国或别国,很可能会使他们自身处于更加恶劣的生存环境,从而威胁自己的生命。典型的案例有阿波东阿里诉土耳其案与 F. H. 诉瑞典案。②涉及生命权与人身自由权的案件。在此类案件中,如果对当事人进行驱逐或引渡,驱逐或引渡到的国家很可能使当事人面临死刑或终身监禁的情况。例如,在内维特诉法国案中,内维特是一位生活在法国的美国公民,当美国向法国提出引渡要求时,法国同意并打算将其引渡回美国。但是,内维特表示,他如果被引渡回美国,将会被美国以谋杀罪起诉,可能面临注射死刑或是终身监禁。于是,其向欧洲人权法院提起个人申诉并申请临时措施。③涉及性自由权的案件。在 K. N. 诉法国案中,K. N. 从希腊到了法国之后,被法国当地政府认为是非法入侵,意图将其驱逐回本国,但由于 K. N. 的性取向问题,其在本国将会被处以较重的处罚。④涉及两性平等权的案件。在侯赛因·基尔诉荷兰案、亚伯拉罕·伦谷里诉瑞典案以及 M. 诉英国案①中,临时措施请求都面临同一个问题,就是当事人如果被驱逐或引渡回伊朗或阿富汗,都将面临不平等的两性待遇。欧洲人权法院都从保护人权的角度指示了临时措施,避免上述临时措施请求主体遭受非人道的性别差异对待。⑤涉及公正审判权的案件。在索英诉英国案中,美国要求英国政府将索英引渡回美国,但是索英回到美国之后可能会面临案件的延期审判,不会得到公正的审判。由此面对索英的临时措施请求,欧洲人权法院要求英国暂时不得将索英引渡回美国。

从上述案件中可以看出,欧洲人权法院在指示临时措施时对人权问题的深刻思考。在某些情况下,欧洲人权法院甚至不惜以"特殊情况"为由来指示临时措施,以保护个人的基本权利。同时,《欧洲人权公约》各缔约国面对欧洲人权法院指示的临时措施能够积极配合以及执行,这也是非常可贵的。

(2)其他涉及公民权利与政治权利的案件。上述案件类型基本囊括了欧洲人权法院指示临时措施涉及的主要案件,但是也有一些案件具有自己的特点,无法归于以上种属。其中比较典型的就是欧洲人权法院通过指示临时措施,保证当事人有权通过自己或代理人提起以及参加个人申诉的权利。在 Öcalan 诉土

---

① 此案与 D. 诉英国一案相似,二者的申诉人(也就是临时措施请求主体)都是 HIV 病毒携带者,最后欧洲人权法院都出于保护申诉人的权利而要求相关国家采取临时措施(其中 M. 与 D. 皆是名字的缩写,这样做的目的是保护申诉人的个人隐私)。

耳其案中,土耳其政府对Öcalan进行了人身控制,使Öcalan无法亲自提出个人申诉。其后,Öcalan请求欧洲人权法院指示临时措施,要求土耳其政府为自己提起个人申诉以及参加个人申诉提供适当的途径,并要求土耳其政府允许Öcalan聘请代理人,以帮助其参与相关的个人申诉活动。在此案中,欧洲人权法院并非保证一般的审判程序之公正,而是保护当事人通过自己或代理人提起以及参加个人申诉的权利,这与以往一般的基本人权有一些差异。

(二)临时措施适用范围的延伸

社会的发展给欧洲人权法院指示临时措施的过程带来越来越多的问题,其中一个就是临时措施所保护的人权会不会随着不同案件的出现而有所扩展?这其实具有一定的必然性。从欧洲人权委员会要求第一例临时措施至现在已经过去了近70年,欧洲人权法院在越来越多的案件中不断指示临时措施,临时措施适用的范围也在不断延伸。

隐私及家庭生活不受干涉的权利。此处所指的隐私及家庭生活不受干涉的权利受侵害的情况也多涉及驱逐或引渡,当一个人在某一国家生活很长时间,抑或某至亲在某一国家时,那么将此人驱逐或引渡至其他国家便构成了对隐私及家庭生活的侵害。而欧洲人权法院对欧洲人尤为重视的隐私及家庭生活不得被干涉的权利最开始并没有十分关注,也很少基于对隐私及家庭生活的保护而指示临时措施,甚至几次拒绝了此类案件中临时措施请求主体的请求。但从目前的发展趋势来看,隐私及家庭生活不受干涉权利的保护已被纳入临时措施适用范围,这可以被看作欧洲人权法院指示临时措施适用范围的扩大。

对隐私及家庭生活不受干涉的权利进行保护而指示临时措施的案件,最早的发生在1980年,当时是由欧洲人权委员会在此案件中要求临时措施。在阿帕诉英国案中,阿帕一家人居住在英国,是印度裔的三世同堂之家,小孩的父亲与母亲被驱逐回印度,而小孩及爷爷、奶奶却可以继续居住在英国。最后阿帕向欧洲人权委员会提出个人申诉,希望欧洲人权委员会能够采取措施使英国不对其家人进行驱逐。最后欧洲人权委员会基于《欧洲人权公约》第8条,在小孩的父亲与母亲被驱逐出英国之前适用临时措施,迫使英国取消了驱逐令。在安罗拉希诉丹麦案中,安罗拉希面对丹麦政府对他的驱逐令,向欧洲人权法院提出了个人申诉,并提出临时措施请求,要求欧洲人权法院暂时阻止丹麦政府所颁发的驱逐令。在向欧洲人权法院提出临时措施请求时,安罗拉希声称,如果将他驱逐出丹麦,那么他将可能再也无法见到自己的妻子,还有自己的两个孩子以及孩子的妻子。欧洲人权法院据此指示临时措施,在经过审判之后,欧洲人权法院极其迅速地达成一致,认为丹麦的驱逐令构成对《欧洲人权公约》第8条的违反,决定彻底取消丹麦所颁布的驱逐令。

近期也发生过类似的案件。2010年2月18日,个人申诉案件中的申诉人,同时也是临时措施请求主体居住在英国,但因为之前的不良犯罪记录、精神以及身体问题被驱逐回牙买加。申诉人请求欧洲人权法院指示临时措施,其理由是,如果他被驱逐出英国,将会因为分离而损害他与他儿子的感情,这一点是无论如何都无法弥补的。最后,欧洲人权法院考虑到申诉人的精神与身体状况,以及其作为儿子目前唯一的监护人继续留在英国可以为孩子谋取更多利益等因素,作出了指示临时措施的决定。此案是《欧洲人权公约第14号议定书》生效之后欧洲人权法院作出的最明确也是最直接保护家庭相关权利的决定,这延伸了欧洲人权法院指示临时措施保护权利的范围,是《欧洲人权公约》第8条的体现。

欧洲人权保护机制不断发展,欧洲人权法院指示临时措施外延也不断扩大。就目前而言,没有学者能够准确地评价欧洲人权法院指示临时措施外延以及范围的扩大是好还是坏,就如同"电磁感应"问世之初没有人能说出这一东西能在以后的世界发挥什么作用。无论如何,欧洲人权法院在不断地进化,而这一切都是为了能够适应纷繁多变的社会关系。现在的欧洲人权保护机制已经具备了较为统一的人权条约以及具有一定权威的人权司法机构,相信以后的某一天,欧洲人权保护机制会给整个世界的人权保护事业带来新的曙光。

五、不遵守临时措施的原因

从1957年欧洲人权委员会第一次发布临时措施到1998年11月1日欧洲人权委员会被撤销,共发生过25次不遵守临时措施的情况,这些情况分布在23个案件中,其内容一般涉及个人或个人团体的驱逐与引渡等。在这25次不遵守临时措施的情况中,只有一项临时措施是欧洲人权法院指示的,其余临时措施皆是欧洲人权委员会要求的,最早一起不遵守临时措施的案件发生在1964年。而从1998年11月,也就是《欧洲人权公约第11号议定书》生效之后,至2012年12月31日,共有9次(分布在9个案件中)违反欧洲人权法院指示临时措施的情况。

随着人权保护意识的增强以及个人申诉案件的增多,欧洲人权委员会与欧洲人权法院也开始频繁地要求或指示临时措施,但一直没有找到彻底解决相关国家不遵守临时措施的方法。

如今,随着国际法治的不断演化以及欧洲人权保护机制的不断完善,对临时措施的违反情况虽有减少,但并没有完全消失。从1998年11月至2014年12月,已有超过10次缔约国不遵守临时措施的行为;此时,欧洲人权法院指示的临时措施总数已过2 000起。相比之下,不遵守临时措施的案件所占比例甚低。只有对不遵守临时措施案件的情况进行研究与讨论,才能够从国家与临时措施自身双方面找到临时措施无法约束国家的真正原因。

(一)不遵守临时措施的案件

1998年11月1日,《欧洲人权公约第11号议定书》生效,随着欧洲人权委员会命运的终结,一个全新的欧洲人权法院诞生。这个全新的欧洲人权法院碰到的第一个不遵守临时措施的情况就发生在康卡等人诉比利时案中。在本案中,康卡等人被当作难民,并且在街头遭到比利时警察的追赶,而且警察声称要将他们全部拘留。最后,康卡等人被迫转移到了布鲁塞尔机场的废弃厂房内,随时可能被比利时政府驱逐。1999年10月4日,康卡等人委托律师向欧洲人权法院提出个人申诉,认为比利时的行为构成对《欧洲人权公约》第3、8、14条以及《欧洲人权公约第4号议定书》第4条的违反,同时要求欧洲人权法院于1999年10月5日指示临时措施。1999年10月5日16点30分,比利时政府通过本国外交机构代表以及本国在欧洲委员会的常驻代表得知欧洲人权法院指示的临时措施,获悉欧洲人权法院要求比利时政府停止驱逐行为。同日18点11分,欧洲人权法院通过传真向比利时政府再次确认了临时措施的具体内容。同日,比利时政府总理组织相关人员进行简单会晤,决定不执行欧洲人权法院指示的临时措施。后来,欧洲人权法院在对该案的可受理性进行审查时,确认了欧洲人权法院指示的临时措施不具备法律约束力,欧洲人权法院拒绝对比利时政府采取惩罚措施。此案发生在1999年,当时欧洲人权法院指示的临时措施一般被认为不具有法律约束力。在康卡等人诉比利时案中,体现了欧洲人权法院面对自己无能为力的情况时的无奈。

M. B. 等人诉土耳其案发生在马塔库洛夫与阿斯卡诺夫诉土耳其案之后,此时欧洲人权法院对临时措施的态度已经发生了转变。欧洲人权法院也通过判决,确认了其所指示临时措施的法律约束力。当时,M. B. 等人在土耳其同样面临被驱逐的危险,欧洲人权法院指示临时措施的当天12点57分,土耳其政府获悉欧洲人权法院指示的临时措施;13点06分,申诉人及其律师收到欧洲人权法院关于指示临时措施的传真。当天13点整,土耳其政府将M. B. 等人成功驱逐出境。欧洲人权法院认为,虽然土耳其是在获悉欧洲人权法院指示的临时措施之后的几分钟内便完成了驱逐,但并没有证据能够证明土耳其遵守了临时措施。一个月后,在D. B. 诉土耳其案中,欧洲人权法院再次对土耳其指示临时措施,要求土耳其在一定期限内给申诉人以获得律师援助的权利;而在欧洲人权法院所给最后期限过去13天之后,土耳其才略作反应,允许申诉人与他们的律师见面。

（二）不遵守临时措施的原因剖析

通过本文前面的论述以及上述几个案例，不难看出《欧洲人权公约》缔约国不遵守临时措施主要原因有三点：

(1) 欧洲人权法院指示临时措施的法律约束力具有不确定性。在康卡等人诉比利时案中，欧洲人权法院最后无奈地选择了承认其指示的临时措施不具有法律约束力，这也是2005年之前欧洲人权法院指示的临时措施面临的普遍问题。转机出现在马塔库洛夫与阿斯卡诺夫诉土耳其案，此案中欧洲人权法院强调临时措施是个人申诉制度的一部分，欧洲人权法院指示临时措施的目的就是保证个人申诉制度的顺利进行。所以，相关国家对临时措施的违反就构成了对《欧洲人权公约》第34条规定的个人申诉制度的违反。

(2) 个别国家法治观念淡薄，对欧洲人权法院指示的临时措施不管不顾。

(3) 有效监督机制的缺乏。从前面的论述中可得知，欧洲人权法院会通过一定的标准①判断相关国家是否遵守了临时措施。可是，即便欧洲人权法院发现了相关国家未遵守临时措施，也并不一定会采取制裁措施。其根本原因在于临时措施缺少一套有效的监督与执行机制。

---

① (1)指示临时措施之前紧迫的危险是否得以发生；(2)当事国采取行动的时间；(3)当事国的主观意志也是评判标准之一。

第三章
美洲与非洲人权保护机制中的临时措施

美洲人权机制的发展源头可以追溯到1826年，哥伦比亚、中美洲联邦、秘鲁与墨西哥在巴拿马签署了《团结、联合和永久同盟条约》，此条约使美洲国家开始关注人权以及奴隶交易。1947年9月，美洲国家在里约热内卢通过了《美洲国家间互助条约》，序言中规定"在国际层面承认和保护人权和自由……是缔造和平的基础"。对于美洲人权保护机制的历史起源，曾有学者评价道："最早采取行动宣布在国际一级保护人权的地区其实是美洲。"现在，美洲人权保护体制已经有了比较稳定的运作程序，其中，《美洲国家组织宪章》《美洲人的权利和义务宣言》与《美洲人权公约》构成了核心的法律支撑。有学者认为，目前美洲人权保护机制下共有四套具体的运行机制①，亦有学者将其分为两类：一类是以《美洲国家组织宪章》为主，辅以《美洲人的权利和义务宣言》的人权保护机制；另一类则是基于《美洲人权公约》建立的更系统、更具体的美洲人权保护机制。② 而美洲人权保护机制中的临时措施则存在于以《美洲人权公约》为核心所建立的这套运行机制中。比较之下，第二种分类法更方便进行后续的研究。

非洲区域一直是人权问题的重灾区，存在问题尤多，似乎没有一个区域像非洲那样遭受过如此多的践踏与欺压，非洲区域人权发展滞后的原因：①内部因素。非洲的经济发展水平在一定程度上影响了其地区的法治进程。1945年之前，非洲人权保护事业仿佛一直在雾霾中潜行，始终看不到前面的光。②外部因素。西方殖民者对非洲土地总有一种"特别的感情"，他们总是"善于"利用非洲人的单纯、善良与落后来满足他们畸形的物质需求。1981年6月28日，非洲统

---

① 《美洲国家组织宪章》机制、《美洲人的权利和义务宣言》机制、《美洲人权公约》机制和《美洲防止和惩治酷刑公约》机制。

② [荷]C. 德·罗威尔.服务与保护：适用于警察和安全部队的人权和人道主义法[M].毕小青，译.北京：中国社会科学出版社，2000.

一组织①通过《非洲人权与民族权宪章》②,这是非洲国家在保护人权和民族权方面迈出的关键一步,其中创设的非洲人权和民族权委员会成了非洲人权保护机制中第一个享有要求临时措施权力的机构。2004年1月25日,《非洲人权与民族权宪章关于建立非洲人权与民族权法院的议定书》生效,非洲人权与民族权法院在非洲人权和民族权委员会诞生之后的第24年终于出现在了非洲大陆。非洲国际人权保护文件的涌现,以及非洲人权和民族权委员会和非洲人权与民族权法院的诞生,使非洲人权保护机制的面貌焕然一新;也正是因此,非洲人权保护机制中的临时措施也不断走向成熟。

虽然美洲与非洲人权保护机制的发展历史迥异,但在临时措施方面两者存在诸多的相似之处。例如,要求或指示临时措施的机构都为人权委员会与人权法院,要求或指示临时措施的机构之间都存在紧密的联系。正是因为美洲与非洲人权保护机制中临时措施有诸多相似,所以本章对二者一并讨论。

第一节　要求或指示临时措施的机构

美洲与非洲人权保护机制中要求或指示临时措施的机构极为相似:人权委员会与人权法院。下面将分别对美洲与非洲人权保护机制中要求或指示临时措施的机构进行分析。

一、美洲人权保护机制中要求或指示临时措施的机构

美洲人权保护机制与欧洲人权保护机制虽然同属区域人权保护机制,但两者在临时措施方面确实有一定的差异。其实,美洲人权保护机制中的要求或指示临时措施的机构,与《欧洲人权公约第11号议定书》出台之前的欧洲人权保护机制中要求或指示临时措施的机构极为相似,为人权委员会与人权法院并存:美洲人权委员会与美洲人权法院。

(一)美洲人权委员会

1945年,在墨西哥城举行的美洲国家关于战争与和平问题会议上通过的第XL号决议,第五次美洲国家组织外交部长协商会议的第Ⅶ号决议,正式决定成

---

① 非洲统一组织为非洲联盟的前身。2001年3月2日,在利比亚的苏尔特举行的第5届首脑大会特别会议开幕式上,当时非洲统一组织的执行主席、多哥总统埃亚德马宣布非洲联盟成立。

② 由于其最初起草于冈比亚的首都班珠尔,因此亦称《班珠尔人权和民族权宪章》,1986年10月21日生效。

立美洲人权委员会,由美洲国家组织常设理事会选举的7人组成。[①] 保障与推动美洲地区人权保护事业是美洲人权委员会的重要职责,这一职责就暗示了其可为保障和推动人权采取执行措施,其中就包括指示临时措施的行为。2009年11月13日,《美洲人权委员会程序规则》通过,其中第25条第2款中明确规定:在紧急且极端严重的情况下,美洲人权委员会可以主动或是基于当事方请求,要求国家采取临时措施以防止相关国家在管辖权范围内对个人或个人团体的权利造成不可恢复性的损害,此要求独立于其他任何申诉与案件。自此,美洲人权委员会在美洲人权保护机制中享有要求相关国家采取临时措施的权力正式确立。

值得一提的是美洲人权委员会与《美洲人权公约》产生联系的过程。最初,美洲人权委员会与《美洲人权公约》之间并没有什么必然联系,美洲人权委员会与美洲人权法院也不存在业务上的往来。直到1970年,《布宜诺斯艾利斯议定书》的生效使美洲人权委员会与《美洲人权公约》建立了互动与联系,《布宜诺斯艾利斯议定书》成了美洲人权委员会与《美洲人权公约》之间的桥梁。美洲人权委员会因此也开始与美洲人权法院建立起了一定的业务关系。美洲人权委员会开始有了新的职能,这一职能主要是针对《美洲人权公约》缔约国所享有的,其中包括:①接受个人申诉并进行审查与处理;②在美洲人权法院出庭;③对尚未提交美洲人权法院的案件,在发生紧急且极端严重的情况下,要求个人申诉案件中当事国执行临时措施或请求美洲人权法院指示临时措施;④对《美洲人权公约》或其他人权保护条约进行解释;⑤向美洲国家组织大会提交《美洲人权公约》相关议定书草案;⑥在美洲国家组织认为适当的时候,通过美洲国家组织秘书长,提出《美洲人权公约》修订议案。从上述职能中可以看出,美洲人权委员会在1970年,《布宜诺斯艾利斯议定书》生效之后,可以接受针对《美洲人权公约》缔约国的个人申诉,这也就意味着美洲人权委员会要求指示临时措施的权力有所扩大。

1970年,《布宜诺斯艾利斯议定书》生效后,美洲人权委员会与《美洲人权公约》之间产生了微妙的关系,美洲人权委员会与美洲人权法院也越走越近。其实,现阶段的美洲人权委员会对于美洲人权法院而言,就如同欧洲人权委员会对于欧洲人权法院,两机构在个人申诉案件中存在紧密的衔接关系,而且在满足一定标准的情况下都可以要求或指示临时措施。

---

① 谷盛开.国际人权法:美洲区域的理论与实践[M].济南:山东人民出版社,2007.

(二) 美洲人权法院

美洲人权法院依据《美洲人权公约》创建,是美洲人权保护机制中享有指示临时措施权力的唯一人权司法机构。在管辖权方面,美洲人权法院也以缔约国的事前同意为前提①,这也是保证案件在审理过程中顺利进行以及案件审判结果能够被当事国所遵守以及执行的基础。② 对于《美洲人权公约》的缔约国而言,缔约国可以在任何时候发表声明,承认美洲人权法院对任何有关本公约的解释或实施的对一切问题的管辖权具有约束力。如果缔约国在此问题上选择沉默,即表明美洲人权法院对《美洲人权公约》缔约国在公约方面的争议不具备管辖权。此外,《美洲人权公约》还规定,缔约国可以通过"特别协议"来接受法院的管辖。③ 目前,《美洲人权公约》的 25 个缔约国中,有 22 个国家通过各种方式承认接受美洲人权法院的管辖。

因为美洲人权保护机制中存在美洲人权委员会与美洲人权法院两机构,而美洲人权委员会又如同"安全阀"一般横亘在美洲人权法院之前,使得个人只能向美洲人权委员会提出个人申诉,而无法直接向美洲人权法院提出。只有美洲人权委员会与《美洲人权公约》缔约国可以向美洲人权法院提出申诉或指控。④而根据《美洲人权公约》第 63 条第 2 款规定,美洲人权法院一般在两种情况下可以指示临时措施:①对于自身正在审理的案件,基于自身的考量、当事人与美洲人权委员会的申请而指示临时措施。②当案件尚未提交到美洲人权法院时,美洲人权委员会也可以在自己处理案件的过程中向美洲人权法院要求其指示临时措施。从上文可以看出,在美洲人权法院指示临时措施的两种情况中,均可能出现美洲人权委员会的参与。

现阶段,美洲人权法院自身也存在一些问题。美洲人权法院并非时时刻刻都在为案件忙碌,其工作具有间断性的特点,例如每年开两三次例会,一次两周左右。美洲人权法院共有 7 名法官,只有院长 1 人是全日制的,其他 6 名全是兼职属性,这样一种松散的工作人员组成根本无法面对与解决随时可能出现的紧

---

① 如今,欧洲人权法院对《欧洲人权公约》缔约国的管辖为强制管辖,这一点与美洲人权法院不同。
② 中国政法大学国际法教研室. 国际公法案例评析[M]. 北京:中国政法大学出版社,1995.
③ 《欧洲人权法院》以及《非洲人权与民族权宪章关于建立非洲人权与民族权法院的议定书》中都不存在所谓的"特别协议"。
④ 国家间指控案件中,缔约国可以在被指控国家明确接受美洲人权法院管辖的前提下,直接向美洲人权法院提出指控。当然,之前也需要美洲人权委员会的前置处理,而且在国家间指控案件中,美洲人权委员会对当事国的管辖权也并非自动获得。

急且极端严重的人权状况。① 美洲人权法院是否能够像欧洲人权法院一样具有稳定与高效的机构设置,并在以后的人权保护中发挥重要的作用,将会是美洲人权法院下一个需要解决的难题。

(三) 两机构在要求或指示临时措施中的法律关系

前面提到过,1970年《布宜诺斯艾利斯议定书》的生效使美洲人权委员会与《美洲人权公约》之间产生了紧密的联系,同时扩大了美洲人权委员会要求临时措施的适用范围。而美洲人权法院是依《美洲人权公约》而建,所以自1970年《布宜诺斯艾利斯议定书》生效之后,美洲人权委员会与美洲人权法院在要求或指示临时措施中产生了重要的法律关系。2009年11月13日《美洲人权委员会程序规则》的通过,使美洲人权委员会与美洲人权法院在要求或指示临时措施方面的关系更为紧密,两机构主要有以下几种法律关系。

(1) 承接关系。美洲人权委员会与美洲人权法院在指示临时措施方面始终存在着密切的联系,但是当事人只能向美洲人权委员会提出个人申诉,这样就造成了美洲人权法院在受理个人申诉案件方面很大的限制。美洲人权委员会在审理个人申诉案件时,可以基于自身对相关因素的考虑要求临时措施,也可以基于当事人的请求而要求临时措施。当美洲人权委员会无法解决案件时②,美洲人权委员会可以将案件提交至美洲人权法院。当美洲人权法院开始审理个人申诉案件时,其可以根据自身对相关因素的考虑或是基于当事人的请求而指示临时措施,此时美洲人权委员会也可以请求美洲人权法院指示临时措施。此外,当案件未提交到美洲人权法院,而美洲人权委员会认为有必要的时候,也可以请求美洲人权法院指示临时措施。这就如同美洲人权委员会首先"过目"了美洲人权保护体制中所有的个人申诉案件,然后根据情况要求或不要求临时措施。当案件移交美洲人权法院时,美洲人权委员会仍可以根据具体情况,对美洲人权法院提出或不提出指示临时措施的请求。

(2) 递进关系。此处讲到的递进关系,主要是指两机构所要求或指示临时措施在法律约束力上的递进。美洲人权委员会对于个人申诉的处理指示是比较

---

① 赵海峰,窦玉前.美洲人权法院——在困难中前进的区域人权保护司法机构[J].人民司法,2005(12):95-98.
② 其中包括友好解决与非友好解决两种方式。

浅层面的,一般有"友好解决"①与"非友好解决"②两种方式,其对于两者的处理方式以斡旋为主,并不像美洲人权法院一样以审判的形式来对案件作出处理。虽然美洲人权保护机制中普遍认为美洲人权委员会与美洲人权法院所作出的最后决定都具有法律约束力,但是两机构的性质差异决定了这种法律约束力也是不同的。所以,两机构所要求或指示临时措施的法律约束力并不是完全相同的。此外,当美洲人权委员会无法解决案件时,便可将案件提交至美洲人权法院。美洲人权委员会在向美洲人权法院提交案件的前后均可向其提出指示临时措施的请求。事实也确实证明了美洲人权法院所指示临时措施的法律约束力凌驾于美洲人权委员会之上。例如,在依乌切·布隆斯坦诉秘鲁案中,美洲人权委员会在审判过程中发现案件内容较为严重,最后决定请求美洲人权法院指示临时措施,以保护申诉人的基本权利。

由此可见,当个人申诉案件从美洲人权委员会递交到美洲人权法院后,案件的处理等级就相对提高,所以美洲人权法院指示的临时措施与美洲人权委员会要求的临时措施在法律约束力方面存在一定的差别。③

(3)协助关系。根据《美洲人权法院程序规则》第27条第7款规定:相关国家应当将本国执行美洲人权法院所指示临时措施的情况通过国家报告的形式递交美洲人权法院;临时措施受益人及其代理人也应该填写一定的文档表格将临时措施的执行情况予以反映;美洲人权委员会也应该将其获悉的相关国家与当事人执行临时措施的情况向美洲人权法院递交报告。例如,在詹姆斯等诉特立尼达和多巴哥案中,美洲人权法院指示临时措施,要求特立尼达和多巴哥采取临

---

① 友好解决是指,在审理任何一项个人指控案件时,美洲人权委员会应任何一方的要求,或美洲人权委员会主动提出,在遵守《美洲人权公约》的前提下,实现事件的友好解决。如果双方已经达成友好解决,美洲人权委员会应起草一份报告,并应将起草的报告送交双方及其他《美洲人权公约》缔约国,然后转交美洲国家组织秘书长,由他进行公布,这份报告中包括案件事实及友好解决的方法。在实践中,由于政治和法律多方面因素,友好解决方式多以物质补偿为主,并且不多见;双方在进行友好解决之后,必须定期将其履行协议的情况向美洲人权委员会汇报。非友好解决则是指美洲人权委员会在力求通过友好解决的努力过程中,发现该案件按其性质或是当事人意愿无法实现友好解决,或者是为表现出在尊重人权的基础上实现友好解决的真诚,美洲人权委员会均应宣布终止友好解决程序,进入美洲人权委员会实质性解决阶段的方式。

② 非友好解决方式可能会产生两份报告,第一份报告是《美洲人权公约》第50条第1款中所规定的,美洲人权委员会在结合各种证据的基础上,草拟一份包括案件事实及结论的报告,并将报告递交有关国家,不得随意公开,有关当事国应在收到报告之后3个月的时间内采取行动或作出反应。随后,美洲人权委员会有两种选择,将案件移交美洲人权法院,抑或准备第二份报告,除美洲人权委员会之外,被指控国亦可将案件提交美洲人权法院。

③ 此外,美洲人权委员会要求临时措施的直接规定存在于《美洲人权委员会程序规则》中,美洲人权法院指示临时措施的规定存在于《美洲人权公约》中,这也决定了两机构要求或指示临时措施的法律约束力不同。最后,机构的性质也影响着临时措施的法律约束力。

时措施,以保证案件中几十位当事人的生命及健康权利。美洲人权法院在指示临时措施之后要求特立尼达和多巴哥定期提交执行临时措施的报告,同时要求美洲人权委员会关注该案中当事国遵守临时措施的情况,并定期向美洲人权法院报告当事国对临时措施的执行情况。所以,可以认为当美洲人权法院指示临时措施之后,在监督临时措施执行的过程中,美洲人权法院可以要求美洲人权委员会采取一定的行为以协助自己发挥监督职能。就这一方面来说,两机构之间确实存在协助关系。

二、非洲人权保护机制中要求或指示临时措施的机构

(一)非洲人权和民族权委员会

1987年11月,非洲统一组织[①]依据《非洲人权与民族权宪章》建立了非洲人权和民族权委员会。非洲人权和民族权委员会由11人组成,国家元首和政府首脑大会以无记名投票方式选出,这11名委员不得来自同一个国家,必须具有崇高的声望及雄厚的法律学识。虽然《非洲人权和民族权宪章》中并没有对委员的所属区域作出规定,但一般都会对非洲各个地域进行照顾和考虑。这样的设置一是为了平衡地域,二是因为曾经有非洲国家抱怨,称非洲人权和民族权委员会委员基本都来自非洲的北部与西部,来自东部与南部国家的委员很少,所以才出现了目前这种区域均衡的委员会布局。

非洲人权和民族权委员会的主要职能有:①促进性职能。促进人权和民族权、收集各种利于保护人权和民族权的文件、开展学术研究会议、拟定旨在解决人权和民族权问题的原则和章程以及与有关机构合作,共同促进人权和民族权发展。②保护性职能。保护本宪章规定下的人权和民族权,是非洲人权和民族权委员会最主要的职能之一,其主要体现在个人申诉制度与国家间指控制度之中。个人申诉制度与国家间指控制度是目前应用非常普遍的人权保护制度,非洲人权保护机制中的个人申诉制度与国家间指控制度在其他人权保护机制发展的基础上又有所改善,日益成熟。③解释性职能。《非洲人权和民族权宪章》的缔约国、非洲联盟的机构以及被非洲联盟认定的非洲组织均有权请求非洲人权和民族权委员会对本宪章条款进行解释,其作出的解释与《非洲人权和民族权宪章》具有同等效力。

---

① 1963年5月22—26日,31个非洲独立国家在埃塞俄比亚首都亚的斯亚贝巴举行首脑会议。会议于5月25日通过了《非洲统一组织宪章》,决定成立非洲统一组织(简称非统组织或非统),确定5月25日为"非洲解放日"。在2002年的可持续发展世界首脑会议中,改名为"非洲联盟"。

非洲人权和民族权委员会要求相关国家采取临时措施主要发生在个人申诉案件中,所以非洲人权和民族权委员会要求临时措施的行为也可以看作其在行使保护性职能。非洲人权和民族权委员会根据《非洲人权和民族权委员会程序规则》规定,其自1988年起便有权要求相关国家采取临时措施,但直到1993年,非洲人权和民族权委员会才第一次要求临时措施。在非洲人权和民族权法院诞生之前,非洲人权和民族权委员会承担了要求临时措施的全部职责。自1993年1月至2011年12月31日,非洲人权和民族权委员会共受理临时措施请求28起,其中有21起临时措施请求被允许,平均每年一起。虽然非洲人权和民族权委员会要求的临时措施在数量上无法与其他区域人权保护机制中临时措施的数量相比,但是对非洲人权保护机制而言,这些数字的意义绝非一般。

在非洲人权和民族权委员会要求临时措施的早期,由于当时非洲国家人权保护意识淡薄,同时非洲人权和民族权委员会并没有通过扩大解释《非洲人权和民族权宪章》来为自己要求的临时措施提供有效的法律支撑,所以其要求的临时措施经常被相关国家违反。例如,在肯·萨罗维瓦诉尼日利亚案中,尼日利亚对萨罗维瓦以及一个当地组织的成员进行拘留并审判,之后当事人被判处死刑。1995年10月下旬,萨罗维瓦与其中一个成员因为暴力或谋杀犯罪被处决。几天后,非洲人权和民族权委员会接到萨罗维瓦代理人提起的申诉,同时要求非洲人权和民族权委员会采取临时措施要求尼日利亚不得对剩下人员执行死刑。非洲人权和民族权委员会依请求要求尼日利亚不得对剩下人员执行死刑,但尼日利亚仍然偷偷地将剩余人员全部执行死刑。直到后来,非洲人权和民族权委员会对《非洲人权和民族权宪章》进行扩大解释,才增强了非洲人权和民族权委员会所要求临时措施的法律约束力。无论如何,非洲人权保护机制中临时措施的诞生土壤是个人申诉制度,而依据《非洲人权和民族权委员会程序规则》规定,非洲人权和民族权委员会是非洲人权保护机制中受理个人申诉案件的最主要机关,这就注定了非洲人权和民族权委员会在临时措施中的重要作用。

(二)非洲人权和民族权法院

最初,《非洲人权和民族权宪章》只是设立了非洲人权和民族权委员会,并没有设立非洲人权和民族权法院,很大程度上是因为当时的国际环境以及非洲各国的现实状况。非洲人权和民族权委员会诞生之后的很长时间里,非洲国家一直未对建立非洲人权和民族权法院采取行动,但事实上,建立人权司法机构的念头在非洲国家中早已萌发了。早在《非洲人权和民族权宪章》起草之时,非洲各国就对此问题产生过争执,一方认为应当建立人权法院,把非洲人权保护体制从软弱无力的泥沼中拯救出来,为非洲区域人权保护机制装上锋利的牙齿与爪子;

另一方则主张非洲人权保护机制应该是促进性的而不是保护性的,目前的主要任务是对非洲国家人权保护意识的培养,而且在统一的人权意识尚未养成之前,建立非洲人权和民族权法院也是不现实的。一番讨论之后,第二种观点占据了上风,建立非洲人权和民族权法院的计划也暂时被搁置。

1995年,建立非洲人权和民族权法院的计划终于被正式提上日程,在南非召开的专家会议中,诞生了建立非洲人权法院的草案。随后,非洲统一组织政府法律专家会议对其修改并定名为《非洲人权与民族权宪章关于建立非洲人权与民族权法院的议定书》1998年,第34届国家元首和政府首脑大会通过了该《议定书》,并向非洲统一组织的成员国开放签字。2003年12月26日,科摩罗提交了批准书,成为第15个批准《议定书》的国家。2004年1月25日《非洲人权与民族权宪章关于建立非洲人权与民族权法院的议定书》生效,非洲人权和民族权法院在非洲人权和民族权委员会诞生之后的第24年终于出现在了非洲大陆,将非洲人权保护机制又向前推进一大步。

根据《非洲人权与民族权宪章关于建立非洲人权和民族权法院的议定书》第3条与第4条可知,非洲人权和民族权法院的管辖权主要有两种:诉讼管辖权与咨询管辖权。非洲人权和民族权法院在行使咨询管辖权的过程中不涉及指示临时措施,只有在适用诉讼管辖权时才涉及指示临时措施的相关问题。根据《非洲人权和民族权法院规则》第51条第1款规定,非洲人权和民族权法院在行使其诉讼管辖权对案件进行审理的过程中,经当事人、非洲人权和民族权委员会以及自身对相关因素的考虑可以指示临时措施。第51条第2款规定,在紧急且极端严重的情况下,非洲人权和民族权法院院长可以召开特别会议,对紧急且极端严重的情况进行分析后决定是否指示临时措施。在非洲人权和民族权委员会诉大阿拉伯利比亚人民社会主义民众国案中,就充分体现了非洲人权和民族权法院在行使诉讼管辖权时所具有的指示临时措施的权力。

进入21世纪,非洲人权和民族权法院或许将迎接新的变革。2005年1月13—14日,法律专家在埃塞俄比亚首都亚的斯亚贝巴召开会议,起草了《关于非洲人权与民族权法院与非洲联盟法院合并议定书(草稿)》,萌发了建立非洲司法和人权法院的念头。2008年7月1日,在埃及沙姆沙伊赫举行的非洲联盟峰会上《非洲司法与人权法院规约议定书》被采用。《非洲司法和人权法院规约议定书》规定:非洲地区建立唯一的司法机构,非洲人权和民族权法院的职能自动转移至全新的人权司法机构——非洲司法和人权法院。同时,非洲司法和人权法院有权主动或基于当事人的申请指示临时措施,保护当事双方的相关权利。这充分说明非洲人权保护机制越来越重视人权司法机构在人权保护中的作用,表明非洲人权保护机制将重心慢慢转移至司法机构。2014年6月27日,非洲联盟通过了《非洲司法和人权法院规约议定书的修订书》。在未来,虽然非洲人权和民族权法院可能被非洲司法和人权法院取代,但这种以人权司法机构为重心的人权保护模式会越来越成为主流。

在非洲人权和民族权法院诞生之前,非洲人权和民族权委员会一直是非洲区域人权保护机制的核心机构,其依靠《非洲人权和民族权宪章》、《非洲人权和民族权委员会程序规则》以及自身的准司法特征进行着临时措施的相关工作,为非洲人权保护机制的发展做了重大的贡献。但从非洲人权和民族权委员会的自身属性以及国际人权法的发展趋势来看,人权司法机构很可能会慢慢成为人权保护机制的主流甚至唯一机构,而非洲人权和民族权委员会这一类机构在完成了它们的过渡使命之后很可能会被取消。

(三)两机构在要求或指示临时措施中的法律关系

本部分讨论的主要是两机构在要求或指示临时措施方面的关系。在要求或指示临时措施方面,非洲人权和民族权委员会与非洲人权和民族权法院存在三种类型的联系。

(1)承接关系。当非洲人权和民族权委员会在审查案件的过程中,发现存在大规模侵犯人权的紧急且极端严重的情势,其可以在不要求临时措施的前提下,将案件提交至非洲人权和民族权法院,由非洲人权和民族权法院来指示临时措施并作出最后的判决。例如,非洲人权和民族权委员会诉大阿拉伯利比亚人民社会主义民众国案、非洲人权和民族权委员会诉肯尼亚共和国案以及非洲人权和民族权委员会诉利比亚共和国案[①],这些是目前非洲人权和民族权委员会向非洲人权和民族权法院提交的较为典型的案件,均体现了在一定情况下非洲人权和民族权委员会与非洲人权和民族权法院之间紧密的承接关系。非洲人权和民族权委员会面对大规模侵犯人权的事件时,便将这些棘手的案件或问题递交给非洲人权和民族权法院,这其实更凸显了非洲人权和民族权法院在非洲人权保护机制中日益上升的司法地位。

(2)递进关系。此处讲到的递进关系主要是指非洲人权和民族权委员会与非洲人权和民族权法院要求或指示临时措施法律约束力的递进关系。前面讲到,非洲人权和民族权委员会在一定情况下可以将案件提交至非洲人权和民族

---

① 非洲人权和民族权委员会诉大阿拉伯利比亚人民社会主义民众国案提交至非洲人权和民族权法院的日期是2011年3月16日。非洲人权和民族权委员会诉肯尼亚共和国案提交至非洲人权和民族权法院的日期是2013年1月31日。

权法院,其深层次原因就是非洲人权和民族权委员会认为其所要求的临时措施很可能不被相关国家遵守,而非洲人权和民族权法院指示的临时措施更容易被相关国家遵守。这其实就体现了非洲人权和民族权委员会认识到自身要求临时措施的法律约束力的缺陷。同时,非洲人权和民族权委员会要求临时措施的直接法律依据为《非洲人权和民族权委员会程序规则》,而非洲人权和民族权法院指示临时措施的直接法律依据是《关于建立非洲人权和民族权法院的议定书》,直接法律依据的不同也影响着两机构所要求或指示临时措施的法律约束力的大小。此外,人权机构的性质也影响着人权机构要求或指示临时措施的法律约束力强弱,这点在第一章已有论述。

（3）协助关系。《非洲人权和民族权委员会程序规则》第98条规定,非洲人权和民族权委员会在对案件的实质性内容作出最终决定之前,非洲人权和民族权委员会可以主动或是基于临时措施受理主体的请求,要求相关国家采取临时措施防止处于紧急且极端严重情势中的受害人遭受不可恢复性损害。当非洲人权和民族权委员会要求相关国家采取临时措施之后,其应对相关国家执行临时措施的情况进行监督。当非洲人权和民族权委员会认为相关国家未执行其要求的临时措施时,其可以将案件提交非洲人权和民族权法院。

此外,如果非洲人权和民族权委员会在非例会期间发现相关国家未遵守临时措施情况,其主席或副主席可决定将案件提交非洲人权和民族权法院。非洲人权和民族权委员会将案件提交至非洲人权和民族权法院之后,非洲人权和民族权法院便对相关国家不遵守临时措施的情况进行处理,并作出警告或处罚。非洲人权和民族权委员会在遇到相关国家不遵守其要求的临时措施时,之所以将案件提交非洲人权和民族权法院,是希望非洲人权和民族权法院能够利用其司法性质作出警告或处罚,引导相关国家遵守临时措施。这其实就反映了非洲人权和民族权委员会与非洲人权和民族权法院在监督相关国家执行临时措施时的协助关系。

第二节 临时措施的法律约束力

美洲与非洲人权保护机制中皆存在两种临时措施:人权委员会要求的临时措施与人权法院指示的临时措施。下面便从临时措施的法律约束力来源入手,就两种不同类型临时措施的法律约束力问题分别进行讨论。

一、临时措施的法律约束力来源

（一）美洲人权保护机制中临时措施的法律约束力来源

（1）《美洲人权委员会程序规则》第25条第2款：在紧急且极端严重的情况下，美洲人权委员会可以主动或是基于当事方请求，要求当事国采取临时措施以防止相关国家在管辖权范围内对个体造成不可恢复性的损害，美洲人权委员会所提出的此要求独立于其他任何申诉与案件。从措辞来看，美洲人权委员是"要求"，这其实就带有了商量的语气，并非命令式的表达。

其实，《美洲人权委员会程序规则》作为美洲人权委员会要求临时措施的法律约束力来源确实存在一些尴尬的地方，因为这很可能成为国家质疑其所要求临时措施法律约束力的主要原因，联合国与欧洲人权保护机制中也确实出现过此类情况。不过现实中，美洲国家对美洲人权委员会要求的临时措施一般都善意地遵守，一个可能是美洲人权法院在判例中反复强调《美洲人权公约》缔约国应当遵守美洲人权委员会要求的临时措施，另一个可能是各国出于对国际法中保护基本人权原则的尊重。

（2）《美洲人权公约》第63条规定：①如果法院发现《美洲人权公约》所保护的权利与自由被侵犯时，法院应当保证受侵害一方对自己权利与自由的享有。在适当的情况下，法院应当要求相应当事方对因其行为或措施所造成的权利或自由受侵害的情况进行补救，以及对受侵害一方进行适当的补偿。②为了避免紧急且极其严重的情况发生，法院基于自身对相关事项的考虑，认为有必要采取一些紧急措施以避免造成当事人一方遭受不可恢复性损害。对于那些还未被美洲人权委员会提交至美洲人权法院的案件来说，美洲人权法院可以基于美洲人权委员会的请求而指示临时措施。

上述条款实际上将案件划分为了两类：美洲人权法院正在审理的个人申诉案件与美洲人权委员会在审理的个人申诉案件。第一类案件，美洲人权法院可以基于自身对相关事项的考虑指示临时措施；第二类案件，美洲人权法院可以基于美洲人权委员会的请求指示临时措施。同时，根据《美洲人权委员会程序规则》第27条规定，美洲人权委员会可以主动也可以基于个人申诉案件中的申诉人请求而要求当事国采取临时措施。《美洲人权公约》第63条对临时措施的规定开创了区域人权条约中的先河，是区域人权保护机制中最先通过人权条约对临时措施作出规定的，这样做也就避免了《美洲人权公约》缔约国质疑美洲人权法院所指示临时措施的法律约束力。在笔者看来，《美洲人权公约》对临时措施作出详细规定的做法，不仅对美洲人权保护机制自身的发展具有重大影响，对其他人权保护机制也意义深远。

（3）《美洲人权法院程序规则》第 27 条：该条款也对美洲人权法院指示临时措施作了补充性规定，增加了可以向美洲人权法院请求指示临时措施的机构。例如，在案件未提交至美洲人权法院之前，受害人、自称为受害人以及其代理人均可以将其通过美洲人权委员会指示临时措施的请求递交美洲人权法院。最后，所有要求美洲人权法院指示临时措施的请求都会被送交至美洲人权法院的主席、法官或秘书处，由美洲人权法院综合审查之后作出决定。

（二）非洲人权保护机制中临时措施的法律约束力来源

（1）《非洲人权和民族权宪章》。《非洲人权和民族权宪章》由于最初起草于冈比亚的首都班珠尔，因此亦称《班珠尔人权和民族权宪章》，是目前非洲区域人权保护机制最核心的人权文件，于 1981 年 6 月 28 日由非洲统一组织通过，1986 年 10 月 21 日生效。其中，对于非洲人权和民族权委员会而言，最重要的是《非洲人权和民族权宪章》的第三部分。① 虽然这一部分并没有对非洲人权和民族权委员会是否具有要求临时措施的权力作出明确规定，但其中的两项规定可以看作非洲人权和民族权委员会要求临时措施宏观上的法律约束力来源：①《非洲人权和民族权宪章》第 45 条第 2 款规定，非洲人权和民族权委员会基于该宪章规定确保人权和民族权的安全。而这与《非洲人权和民族权委员会程序规则》中规定的非洲人权和民族权委员会要求临时措施是为了避免人权遭受不可恢复性损害相吻合。非洲人权和民族权委员会要求临时措施的行为符合《非洲人权和民族权宪章》第 45 条第 2 款，也是在执行《非洲人权和民族权宪章》第 45 条第 2 款所赋予的职权。所以，《非洲人权和民族权宪章》第 45 条第 2 款自然可以作为非洲人权和民族权委员会要求临时措施的法律约束力来源。②《非洲人权和民族权宪章》第 60 条规定，非洲人权和民族权委员会在人权和民族权保护领域可以从其他的人权保护条约中获取灵感。也就是说，非洲人权和民族权委员会为了促进自身保护人权和民族权职能的发挥，可以适当地借鉴其他人权条约中的内容，其中也应当包括其他人权保护条约中临时措施的相关规定。在笔者看来，《非洲人权和民族权宪章》第 60 条的规定意图扩大非洲人权和民族权委员会的职权范围，以更好地发挥非洲人权和民族权委员会在人权保护方面的作用。

---

① 其实际上为《非洲人权和民族权宪章》的第二部分，但如果将序言作为第一部分，其便成了第三部分。《非洲人权和民族权宪章》共包括四部分，第一部分是序言，其中多为宣誓性内容，充分表现了当时非洲国家对自由、平等、正义以及尊严的渴望；第二部分主要是对实体权利的陈述，同时涉及个人义务方面的规定；第三部分主要涉及非洲人权和民族权委员会的设置、人员组成及职能；第四部分涉及一般的程序性条款。

非洲人权和民族权委员会处理的案例也确实证明了《非洲人权和民族权宪章》可以作为非洲人权和民族权委员会要求临时措施的法律约束力来源。例如，在肯·萨罗维瓦诉尼日利亚案中，非洲人权和民族权委员会面对尼日利亚政府的行为表示：尼日利亚政府无视非洲人权和民族权委员会要求的临时措施依然执行死刑的行为，与非洲人权和民族权委员会的观点是完全相悖的，希望这样的事情不要再发生，因为这是违反《非洲人权和民族权宪章》的。这种通过对《非洲人权和民族权宪章》的扩大解释来强化非洲人权和民族权委员会要求临时措施法律约束力的行为，在一定程度上受了欧洲与美洲人权保护机制中人权机构做法的影响。

（2）《非洲人权和民族权委员会程序规则》。《非洲人权和民族权委员会程序规则》第98条规定，非洲人权和民族权委员会在对案件的实质性内容作出最终决定之前，非洲人权和民族权委员会可以主动或是基于临时措施请求主体的申请，要求相关国家采取临时措施，避免处于紧急且极端严重情势中的受害人遭受不可恢复性损害。其中，非洲人权和民族权委员会的主席、副主席均有权作出要求临时措施的决定。① 非洲人权和民族权委员会将要求临时措施的通知传达到当事国之后，同时应当将复印件送至受害者、非洲联盟大会、和平与安全理事会以及非洲联盟委员会。而且，《非洲人权和民族权委员会程序规则》第98条第5款反复强调，非洲人权和民族权委员会要求临时措施的决定不构成对案件实体内容的预判。

实际上，《非洲人权和民族权委员会程序规则》很好地借鉴了其他人权机构程序规则中对临时措施的相关规定，其如同麻袋一样，将前面几个人权保护机制中的临时措施的相关条款统统吸纳过来。与其他人权保护机制中临时措施的规定相比，非洲人权和民族权委员会在要求临时措施方面的规定更为细致，有以下几点突破：①明确规定了请求或指示临时措施的时间点。《非洲人权和民族权委员会程序规则》的措辞是"在对案件实体作出判决之前的任何时间内"。这一规定扩大了当事人请求临时措施的时间段，同时也延伸了非洲人权和民族权委员会要求临时措施的时间段，增加了非洲人权和民族权委员会要求临时措施的可能性。②《非洲人权和民族权委员会程序规则》第118条规定了面对当事国不遵守非洲人权和民族权委员会要求的临时措施时，非洲人权和民族权委员会的救济途径。如果当事国未按照非洲人权和民族权委员会要求的临时措施采取行动，并且也未及时向非洲人权和民族权委员会汇报执行情况时，非洲人权和民族

---

① 主席缺席时，副主席才有权力决定是否要求临时措施。

权委员会可能会认为当事国没有遵守其要求的临时措施。此时,非洲人权和民族权委员会便会将案件提交非洲人权和民族权法院,并通知个人申诉案件中的申诉人以及相关国家。《非洲人权和民族权委员会程序规则》第118条规定的内容其实就是非洲人权和民族权委员会对非洲人权和民族权法院的协助行为。当非洲人权和民族权委员会在面对不遵守临时措施的国家时,因自身的非司法性质并不能对相应国家采取手段或措施,其便诉诸非洲人权和民族权法院。

《非洲人权和民族权委员会程序规则》虽然比其他人权保护机制中的程序规则就临时措施的规定更为详尽,但非洲人权和民族权委员会依据《非洲人权和民族权委员会程序规则》要求的临时措施依然难逃法律约束力受质疑的困境。

(3)《关于建立非洲人权和民族权法院的议定书》。1995年,在南非召开的专家会议中,诞生了非洲建立人权法院的草案,随后非洲统一组织政府法律专家会议对其审议并定名为《非洲人权与民族权宪章关于建立非洲人权和民族权法院的议定书》,后称《关于建立非洲人权与民族权法院的议定书》。1998年,第34届国家元首和政府首脑大会会议上通过了《关于建立非洲人权和民族权法院的议定书》,并向非洲统一组织的成员国开放签字。2003年12月26日,科摩罗提交了批准书,成为第15个批准《关于建立非洲人权和民族权法院的议定书》的国家。2004年1月25日,《关于建立非洲人权和民族权法院的议定书》生效。

根据《关于建立非洲人权和民族权法院的议定书》第27条第2款规定,在紧急且极端严重的情势下,为了避免对人权造成不可恢复性损害,非洲人权和民族权法院认为确有必要时可指示临时措施。同时,《关于建立非洲人权和民族权法院的议定书》明确规定了哪些主体可以将案件提交至非洲人权和民族权法院。其第5条规定:①a. 非洲人权和民族权委员会;b. 向非洲人权和民族权委员会提出国家指控的指控提出国;c. 指控提出国的对立国家;d. 人权受侵犯公民所属国;e. 非洲区域政府间国际组织;②认为非洲人权和民族权法院正在审理的案件与本国有利益关系的国家;③作为观察员的非政府组织与个人在相关国家声明接受非洲人权和民族权法院管辖的前提下,可向非洲人权和民族权法院提交案件。从上述内容可以看出,非洲人权和民族权委员会与非洲人权和民族权法院之间的关系非常类似欧洲人权委员会与欧洲人权法院之间的关系,尤其是个人无法直接向人权法院提出个人申诉这一点。此外,对于非洲人权和民族权法院审理中的案件,根据当事一方的申请、非洲人权和民族权委员会的申请以及基于自身的考虑可以指示临时措施。

(4)《非洲人权和民族权法院规则》第51条第1款规定:根据当事一方的申请、非洲人权和民族权委员会的申请以及非洲人权和民族权法院基于自身的考虑可以指示临时措施。第2款至第5款为程序性内容,为非洲人权和民族权法院指示临时措施提供了程序方面的法律支持。其实,现行的《非洲人权和民族权法院规则》的具体内容是对《关于建立非洲人权和民族权法院的议定书》的补充,与《关于建立非洲人权和民族权法院的议定书》相比,其法律约束力更弱。虽然《非洲人权和民族权法院规则》确实是非洲人权和民族权法院所指示临时措施的法律约束力来源之一,但其本质乃是非洲人权和民族权法院的运行规则,这也是其作为临时措施法律约束力不足的地方。

二、人权委员会所要求临时措施的法律约束力

(一)美洲人权委员会所要求临时措施的法律约束力

通过措辞便可以看出,美洲人权委员会与美洲人权法院各自临时措施的效力是不同的,美洲人权委员会是"要求"临时措施,而美洲人权法院是"指示"临时措施。这种措辞的细微差异只是临时措施效力不同的表象,而造成这种差异的本质在于美洲人权委员会要求临时措施的法律约束来源是《美洲人权委员会程序规则》。美洲人权委员会要求的临时措施曾被形容为具有"命令性特征的",美洲人权法院也曾表示希望各国家能够基于善意遵守美洲人权委员会要求的临时措施。在詹姆斯等诉特立尼达和多巴哥案中,美洲人权法院认为任何国家都应当善意遵守基于《美洲人权公约》的临时措施,也应当遵守美洲人权委员会要求的临时措施。

值得庆幸的是,美洲人权区域的国家对美洲人权委员会要求的临时措施基本能够做到"言听计从"。例如,在2003年10月,美洲人权委员会收到可靠消息称,巴拉圭精神病医院中的条件极端恶劣与糟糕,女性病人遭到医护人员强奸,儿童病人被虐待,青年男性病人一丝不挂地被关在禁闭室。精神病人的卫生条件无法得到保障,而且他们实际上并没有得到最基本的医疗救助,种种迹象都表明其权利处于紧急且极端严重的情势下。2003年10月17日,美洲人权委员会要求巴拉圭采取临时措施保护其国内精神病院中的病人。美洲人权委员会要求巴拉圭政府采取临时措施两周之后(2003年10月31日),巴拉圭总统以及公共卫生部部长一同去该医院进行实地调查,此后该精神病院院长被撤职,相关人员被处罚,巴拉圭政府为提高精神病院病人的生活及医疗条件采取了相应的措施。

《美洲人权委员会程序规则》第25条作为机构的程序规则,其确实为美洲人权委员会要求的临时措施提供了一定的法律约束力来源。而且,各国在面对美洲人权委员会指示的临时措施时也基本选择善意遵守,长此以往的发展形成了一种默认的惯例:美洲人权委员会要求的临时措施具有法律约束力。总而言之,

美洲人权委员会要求的临时措施理所当然地具有法律约束力。在个人申诉案件中,案件经美洲人权委员会而后到达美洲人权法院,但无论是美洲人权委员会还是美洲人权法院,其要求或指示临时措施的目的都是为了保护当事人的基本权利不被侵犯,保证个人申诉案件的顺利进行。所以,美洲人权委员会要求的临时措施以及美洲人权法院指示的临时措施都可以被看作个人申诉制度的一部分。由此可知,对美洲人权委员会所要求临时措施的违反就构成了对个人申诉制度的违反,也就构成了对《美洲人权公约》的违反。

(二)非洲人权和民族权委员会所要求临时措施的法律约束力

回顾非洲人权和民族权委员会要求临时措施的历史不难发现,在公民自由组织诉尼日利亚案之前,各国对非洲人权和民族权委员会要求的临时措施并不一定选择遵守,对非洲人权和民族权委员会本身也持消极态度。部分非洲国家认为非洲人权和民族权委员会根本无法做好权利的守护者,认为其在调查以及执行方面的力度是极其微弱的。甚至有学者宣称非洲人权和民族权委员会要求的临时措施不具备法律约束力,而且将非洲人权和民族权委员会与联合国人权事务委员会进行对比,称两机构要求的临时措施均没有法律约束力。

其实,非洲人权和民族权委员会对其自身所要求临时措施的法律约束力也并不是十分自信。前面提到过,在要求或指示临时措施方面,非洲人权和民族权委员会与非洲人权和民族权法院之间存在两种联系模式:①当相关国家不遵守非洲人权和民族权委员会要求的临时措施时,非洲人权和民族权委员会可将案件提交非洲人权和民族权法院,通过非洲人权和民族权法院来迫使相关国家遵守临时措施。②当非洲人权和民族权委员会发现存在紧急且极度严重的情势,或可能造成大规模人权侵害时,可将案件提交非洲人权和民族权法院,提请非洲人权和民族权法院指示临时措施。在第一种模式中,面对相关国家违反其要求的临时措施时,非洲人权和民族权委员会无法通过自身的权力来迫使相关国家遵守临时措施,只能寻求非洲人权和民族权法院的帮助。在第二种模式中,非洲人权和民族权委员会发现存在紧急且极度严重的情势,或可能造成大规模人权侵害时,其可以根据《非洲人权和民族权委员会程序规则》第98条要求相关国家采取临时措施,避免人权状况的恶化。例如,在非洲人权和民族权委员会诉大阿拉伯利比亚人民社会主义民众国案中,非洲人权和民族权委员会将案件提交非洲人权和民族权法院,请其指示临时措施,究其原因就是非洲人权和民族权委员会意识到自身要求的临时措施很可能不会被遵守。非洲人权和民族权委员会与非洲人权和民族权法院之间的关系就表明了非洲人权和民族权委员会对于其所要求临时措施的法律约束力不自信的态度。同时,非洲人权和民族权委员会深知,在这种紧急且极端严重的情势下,其要求的临时措施很可能会被利比亚无视,所以只能寄希望于非洲人权和民族权法院指示的临时措施。

综上所述,非洲人权和民族权委员会在面对相关国家不遵守行为时选择交由非洲人权和民族权法院处理,面对紧急且极端严重的情势又再次将案件提交非洲人权和民族权法院。这充分说明了两个问题:①非洲人权和民族权委员会要求的临时措施与非洲人权和民族权法院指示的临时措施相比更容易被相关国家违反。②非洲人权和民族权委员会对自身所要求临时措施的法律约束力自信心不足。但这些因素是否必然代表非洲人权和民族权委员会要求的临时措施不具有法律约束力?实际上,相关国家对临时措施的违反并不就是临时措施欠缺法律约束力的表现,因为法律约束力并不必然代表着相关国家就会严格遵守。而对非洲人权和民族权委员会对自身所要求临时措施法律约束力的不自信,也不会影响临时措施是否具有法律约束力这一客观事实。无论如何,非洲人权和民族权委员会要求的临时措施法律约束力都是客观存在的事实,与相关国家是否遵守无关,也与非洲人权和民族权委员会自身的主观意识无关。

公民自由组织诉尼日利亚案的发生,使更多的国家开始选择遵守非洲人权和民族权委员会要求的临时措施。本案中,尼日利亚面对非洲人权和民族权委员会要求的临时措施,理性地选择了遵守,并达到了人权保护的目的,才使各国开始理性地对待非洲人权和民族权委员会所要求临时措施的法律约束力。而且,在此之后的一系列案件中,非洲人权和民族权委员会也不断强调其要求的临时措施是具有法律约束力的。现在认为,非洲人权和民族权委员会要求临时措施的法律约束力来源主要是《非洲人权和民族权宪章》《非洲人权和民族权委员会程序规则》。其中,《非洲人权和民族权宪章》是非洲人权和民族权委员会要求临时措施最原始的法律约束力来源,《非洲人权和民族权委员会程序规则》是非洲人权和民族权委员会要求临时措施最直接最明确的法律约束力来源。但是,因为程序规则作为要求临时措施的法律约束力来源存在先天不足,所以非洲人权和民族权委员会开始对《非洲人权和民族权宪章》进行适当的扩大解释,弥补《非洲人权和民族权委员会程序规则》在这方面的不足。在公民自由组织诉尼日利亚案中,非洲人权和民族权委员会通过对《非洲人权和民族权宪章》的解释来加强临时措施的法律约束力是非常成功的。这种扩大解释既符合法理,又与之前欧洲人权法院在马塔库洛夫与阿斯卡诺夫诉土耳其案的做法极为相似,对其他人权保护机制有很强的借鉴意义。非洲人权和民族权委员会指出,其要求临时措施的权力其实是自身履行其促进人权与民族权职能的行为,而这一职能是《非洲人权和民族权宪章》所赋予的,所以非洲人权和民族权委员会要求临时措施的最根本源头是《非洲人权和民族权宪章》。非洲人权和民族权委员会在公民自由组织诉尼日利亚案中,以《非洲人权和民族权宪章》作为自身要求临时措施的法律约束力来源,确实使得其所要求临时措施的法律约束力得到了更广泛的认可。

非洲人权和民族权委员会通过不断的实践,已经在很大程度弥补了其所要求临时措施在法律约束力方面的不足。无论是早期学者的质疑,还是相关国家的不配合,还是非洲人权和民族权委员会的不自信,都无法改变非洲人权和民族权委员会所要求临时措施具有法律约束力这一客观的既定事实。

三、人权法院所指示临时措施的法律约束力

（一）美洲人权法院所指示临时措施的法律约束力

美洲人权法院所指示临时措施的法律约束力确定过程较为简单,关键是因为美洲人权保护机制通过人权条约(《美洲人权公约》)对临时措施作出了具体的规定。所以,美洲人权法院指示的临时措施对明确接受美洲人权法院管辖的《美洲人权公约》缔约国来说是具有法律约束力的,实践中也确实如此。

其中,2000年发生的宪法法院案就可以看作美洲人权法院彰显其所指示临时措施法律约束力的最好证明。本案中,迪莉娅·里沃瑞多·玛尔萨诺等秘鲁宪法法院的法官认为,秘鲁政府的行为违反了《美洲人权公约》第8条第1款与第2款(公平审判的权利)、第23条第1款(参政议政的权利)以及第25条第1款(获得尊重的权利)的内容。由于秘鲁在1978年7月28日成为《美洲人权公约》的缔约国,1981年明确宣布接受美洲人权法院的诉讼管辖,所以美洲人权法院对秘鲁享有管辖权。其间,美洲人权法院基于迪莉娅·里沃瑞多·玛尔萨诺临时措施的请求,要求秘鲁政府应当对她及其家人采取保护措施。美洲人权法院认为,其指示的临时措施是基于《美洲人权公约》,而秘鲁作为《美洲人权公约》的缔约国亦应当善意遵守临时措施,这实际也是"条约必须能遵守"原则的要求。同时,美洲人权法院认为法律约束力是临时措施发挥其作用时必不可少的,最后,秘鲁的行为也表明了其对美洲人权法院所指示临时措施法律约束力的认可。本案之后,美洲人权法院所指示临时措施的法律约束力受到越来越多国家的肯定,《美洲人权公约》第63条在美洲人权保护机制中发挥着越来越重要的作用。

总而言之,美洲人权法院指示的临时措施以《美洲人权公约》为支撑,结合美洲人权法院的司法实践,使其所指示临时措施的法律约束力得到了越来越多国家的认可。

（二）非洲人权和民族权法院所指示临时措施的法律约束力

有学者曾认为，非洲人权和民族权法院指示的临时措施是否具有法律约束力，取决于非洲人权和民族权法院作出指示临时措施的决定是否可以归类于"预先判决"与"判决"。这是完全没有法理基础的，难道司法机构在案件判决之前的各种决定、裁决都是不具有法律约束力的吗？其实，非洲人权和民族权法院指示的临时措施到底是否属于"预先判决"并不会影响其法律约束力，因为非洲人权和民族权法院作为人权司法机构，其在最后判决作出之前的决定、裁定都是具有法律约束力的。非洲人权和民族权法院指示临时措施的行为实际是在行使其司法职能，从这个角度来说，指示临时措施的决定是否属于"预先判决"也就无关紧要了，其指示临时措施的决定是应当具有法律约束力的。这就如同国内法院一般，在法院作出判决之前，各种决定、裁定同样约束双方当事人。

非洲人权和民族权法院指示临时措施的目的之一是保证个人或个人团体的权利的现实状态，另一目的也是保证非洲人权和民族权法院后续的审判活动能够顺利进行。而国家接受非洲人权和民族权法院管辖权就意味着其接受法院在审判过程中的所有行为，当然也包括非洲人权和民族权法院指示临时措施的行为。总而言之，非洲人权和民族权法院所指示临时措施的法律约束力是必然存在的，只是国家在面对临时措施时有的选择遵守，有的选择违反。

此外，《关于建立非洲人权和民族权法院的议定书》（以下简称《议定书》）第27条为非洲人权和民族权法院指示临时措施提供了重要的法律依据。根据《议定书》第27条第2款规定，在紧急且极端严重的情势下，为了避免对人权造成不可恢复性损害，非洲人权和民族权法院认为确有必要时可指示临时措施。通过议定书的形式对非洲人权和民族权法院指示的临时措施进行规定，这对非洲人权和民族权法院所指示临时措施法律约束力的确定是大有裨益的。对《议定书》的缔约国而言，非洲人权和民族权法院所指示临时措施的法律约束力是毋庸置疑的。

在非洲人权和民族权委员会诉肯尼亚共和国案中[①]，申诉人（临时措施请求主体）要求非洲人权和民族权法院指示临时措施。非洲人权和民族权法院指示临时措施，要求肯尼亚采取措施，停止将奥吉克族驱逐出森林区的行为，禁止任何可能对申诉人造成不可恢复性损害的行为。肯尼亚在收到非洲人权和民族权

---

① 此案件是非洲人权和民族委员会向非洲人权和民族权法院提出起诉之后，非洲人权和民族权法院在审判案件的过程中指示的临时措施。

法院指示的临时措施之后，选择了积极遵守。15天后，肯尼亚按照非洲人权和民族权法院的临时措施要求采取了行动。虽然肯尼亚在履行非洲人权和民族权法院指示的临时措施时有些延迟，但其并没有公然质疑临时措施的法律约束力，这很大程度上是因为《议定书》对临时措施作出的具体规定。

非洲人权和民族权法院所指示临时措施的法律约束力已经在非洲人权保护机制中获得了越来越多国家的认可。即使在非洲人权和民族权委员会诉大阿拉伯利比亚人民社会主义民众国案中，利比亚面对非洲人权和民族权法院指示的临时措施也没有公然违反，而是提出申请要求延长履行的期限。由此可以看出，非洲人权和民族权法院指示的临时措施确实具有一定的法律约束力。

第三节　美洲和非洲人权保护机制中临时措施与欧洲人权保护机制中临时措施之比较

欧洲、美洲与非洲人权保护机制作为国际人权保护机制中重要的区域人权保护机制，它们所要求或指示的临时措施具有一定的共性[①]，也有一定的差异。在笔者看来，从推动临时措施进步与发展的角度而言，通过比较不同人权保护机制中临时措施的差异，更能够发现临时措施的短板与问题。这也为本文最后一章中临时措施出路的提出提供了重要的研究基础。

本节将从四个方面对美洲和非洲人权保护机制中临时措施与欧洲人权保护机制中临时措施进行比较。

一、临时措施请求主体的缩减

根据《欧洲人权法院规则》的规定以及欧洲人权法院审判的实际情况，欧洲人权保护机制中临时措施的请求主体可以分为以下几类：①当事人一方。这里的当事人一方主要是指个人或个人团体一方。②当事人一方之代理人。在很多个人申诉案件中当事人一方因各种限制，例如，被监禁或羁押往往无法及时地提出临时措施。当当事人一方无法通过正当途径向欧洲人权法院提出个人申诉或临时措施请求时，代理人便可为之。当然，《欧洲人权法院规则》第39条也对代理人作出了广泛的规定。代理人可以是家庭成员、朋友、律师、有权从事代理事务

---

① 要求或指示临时措施的制度基础、临时措施适用的范围、临时措施的特征以及临时措施的历史。

的非政府组织以及经上述个人书面授权的任何个人。③儿童。儿童是否可以提出临时措施请求,这一直是欧洲区域广泛争论的问题。目前形成的共识是:即使儿童身边没有父母或是监护人,其都有权利向欧洲人权法院提出临时措施请求[①],也就是说,儿童提出临时措施请求并不必须要求律师、父母或监护人的代理才可以提起。④家庭。欧洲人权法院为了最大限度实现临时措施的保护作用,也将可提出临时措施请求的主体作了灵活的规定,其中家庭就是较为特殊的主体。当整个家庭面临可能会产生不可恢复损害的紧急情势时,家庭成员集体或各自可向欧洲人权法院提出临时措施的请求;如果是家庭成员各自向欧洲人权法院提出临时措施的请求;欧洲人权法院则根据家庭成员各自的请求理由及内容决定将这些请求融合还是分开。

美洲人权保护机制中临时措施的请求主体主要有:①个人或个人团体;②代理人;③美洲人权委员会。非洲人权保护机制中临时措施的请求主体有:①个人或个人团体;②代理人;③非洲人权和民族权委员会。与欧洲人权保护机制中临时措施的请求主体相比,美洲与非洲人权保护机制中临时措施请求主体的范围仍然局限于条约或规则的规定。[②] 美洲与非洲人权保护机制中临时措施请求主体与欧洲人权保护机制中临时措施的请求主体相比确实较少,但这并不是条约规定的空白造成的,而是由于美洲与非洲人权保护机制中临时措施实践的欠缺。欧洲人权保护机制中临时措施请求主体的多元化,很大程度上是由欧洲文化自身的包容性以及欧洲人权法院自身的改革发展导致的。

与欧洲人权保护机制中的临时措施相比,美洲与非洲人权保护机制中临时措施请求主体的减少并不代表美洲与非洲人权保护机制的落后或是退化,这只能说明美洲与非洲人权保护机制实践中的不足。这也从侧面说明,与欧洲人权保护机制中的临时措施相比,美洲与非洲人权保护机制中的临时措施是一个"新生儿",也意味着这个"新生儿"在未来充满了各种的可能性。近年来,美洲人权保护机制中的临时措施已经开始慢慢关注儿童、家庭的权利,相信美洲人权保护机制中临时措施的请求主体会有所扩展。

---

① 这一点类似于我国民法中关于个体之民事权利能力的规定,民事权利能力是法律赋予民事主体从事民事活动,从而享受民事权利和承担民事义务的资格,源于出生,终于死亡。而儿童向欧洲人权法院提出指示临时措施的请求实际就是行使民事权利能力的行为,与个人年龄无关。

② 美洲人权委员会关注儿童、家庭作为临时措施请求主体的案件,例如,L. M. 等诉. Paraguay (November 2,2011)与 Lorenzo Santos Torres and Family 诉 Mexico (November 8, 2013),但是美洲人权委员会并没有像欧洲人权法院一样作出明确的规定。

二、要求或指示临时措施权力的分散

（一）欧洲人权保护机制中指示临时措施机构的合一

虽然欧洲人权保护机制中实现了要求或指示临时措施权力的统一，但这一过程其实也是漫长的。

最初，欧洲委员会意图建立一套由欧洲人权法院与欧洲人权委员会并存的人权保护模式。这样就不可避免地使欧洲人权委员会与欧洲人权法院具有了相似的地位，使得本来不具有司法特性的欧洲人权委员会成为与欧洲人权法院具有相似司法职能的机构。由此一来，欧洲人权委员会成为欧洲人权法院的"过滤器"，一般案件都要先经过欧洲人权委员会处理，对于那些欧洲人权委员会认为没有任何意义或处理必要的案件，欧洲人权委员会会直接将其剔除。可以说，欧洲人权委员会确实起到了"过滤器"的作用，它在案件开始前删减了一些不必要的案件，帮助欧洲人权法院分担了一定的工作量，但这其实也削弱了欧洲人权法院在欧洲人权保护机制中的地位。在欧洲人权委员会建立的头十年，这一现象尤为明显。此外，欧洲人权保护机制中早期的临时措施大部分是由欧洲人权委员会所提出，因为很多案件还未到欧洲人权法院便由欧洲人权委员会处理了。所以，早期欧洲人权法院的权力被欧洲人权委员会弱化，很少有机会行使指示临时措施的权力。

在《欧洲人权公约第11号议定书》未生效之前，个人、非政府组织及个人团体不可以直接向欧洲人权法院提出申诉。个人、非政府组织及个人团体只能先向欧洲人权委员会提出申诉，然后欧洲人权委员会对申诉是否具有可受理的必要作出审查。对于经过审查认为可以受理的，并且无法通过友好解决方式完结的案件，才能由欧洲人权委员会提交到欧洲委员会部长委员会，最后才是欧洲人权法院通过司法程序予以解决。[①] 这样一个过程下来少则一两年，多则七八年。等案件被移送到欧洲人权法院时，已经完全不存在指示临时措施的必要了，所以欧洲人权委员会的存在架空了欧洲人权法院指示临时措施的权力。

1998年11月1日，《欧洲人权公约第11号议定书》的生效标志着欧洲人权委员会的终止，也正式确立了个人、非政府组织或是个人团体可以直接向欧洲人权法院提出个人申诉的制度。没有了欧洲人权委员会的前置处理，欧洲人权法院在欧洲人权工作中的地位也日趋重要，受理的个人申诉案件数量连年激增，指示的临时措施数量也逐年攀升，效率也不断提高。

---

① 第11号议定书生效之前《欧洲人权公约》第31条与第32条。

（二）美洲与非洲人权保护机制中要求或指示临时措施权力的分散

从前面的论述可知，美洲人权保护机制中有权力要求或指示临时措施的机构主要为美洲人权委员会与美洲人权法院。非洲人权保护机制中有权要求或指示临时措施的机构主要为非洲人权和民族权委员会与非洲人权和民族权法院。由此可知，美洲与非洲人权保护机制中要求或指示临时措施的权力分散在人权委员会与人权法院之间。

在美洲与非洲人权保护机制中，人权委员会与人权法院的关系同早期欧洲人权保护机制中欧洲人权委员会与欧洲人权法院的关系极为相似：人权委员会发挥着"安全阀"的作用，横亘在人权法院之前，受理了大部分的个人申诉案件，削弱了人权法院指示临时措施的权力。美洲与非洲人权保护机制中要求或指示临时措施权力的分散，一定程度上削弱了人权法院在指示临时措施方面的作用。从欧洲人权保护机制的实践来看，要求或指示临时措施权力的分散，对人权司法机构的发展确实有一定的消极影响。

在美洲与非洲人权保护机制中，人权委员会虽然不是人权司法机构，但其在临时措施方面发挥的作用有时反而比人权司法机构要重要，这样的权力分散很可能会抑制人权司法机构的发展。除此之外，要求或指示临时措施权力的分散，实际上也会影响要求或指示临时措施的效率。例如，当人权委员会发现符合要求临时措施的情境，但自身存在要求临时措施障碍时，一般会将案件提交至人权法院并要求人权法院指示临时措施。在人权委员会向人权法院提交案件的过程中，实际上就会产生时间的损耗，很可能会造成人权法院指示临时措施的不及时。如果要求或指示临时措施的权力实现了高度的统一，人权法院成了唯一的临时措施指示机构，那么人权法院在面对符合指示临时措施的情境时，其指示临时措施所消耗的时间必然会少很多。对于处于紧急且极端严重情势下的个人或个人团体而言，人权法院指示临时措施所消耗的时间越少，越能够发挥临时措施真正的作用。

综上所述，在区域人权保护机制中，只有欧洲人权保护机制实现了要求或指示临时措施机构的合一化，实现了要求或指示临时措施权力的高度集中。这样的发展不仅可以实现高效处理临时措施的请求，还能够在很大程度上降低司法成本。要求或指示临时措施机构的合一化、要求或指示临时措施权力的统一是未来的发展趋势，因为多机构的模式只会降低行动效率，阻碍临时措施作用的发挥。而临时措施一般要求人权司法机构或人权准司法机构能够在短时间内迅速地采取措施，以避免人权遭到不可恢复性损害。多机构之间的信息传递、运作协调等问题都可能延长指示临时措施的时间。所以，人权机构的合一、要求或指示临时措施权力的统一能够真正地契合临时措施的宗旨与目的，这或许将是人权保护机构未来发展的新方向。

三、法律约束力的差异

欧洲人权保护机制中,《欧洲人权法院规则》第 39 条是欧洲人权法院指示临时措施的最直接规定。后来,欧洲人权法院通过马塔库洛夫与阿斯卡诺夫诉土耳其案将《欧洲人权公约》认定为欧洲人权法院临时措施的法律约束力来源之一。在美洲人权保护机制中,《美洲人权委员会程序规则》第 25 条、《美洲人权法院程序规则》第 27 条与《美洲人权公约》第 63 条都对临时措施作了明确的规定。在非洲人权保护机制中,《非洲人权和民族权委员会程序规则》第 98、118 条,《非洲人权和民族权法院规则》第 51 条与《关于建立非洲人权和民族权法院的议定书》第 27 条对临时措施作出了明确规定。其中,《美洲人权公约》《关于建立非洲人权和民族权法院的议定书》对缔约国有法律约束力,而人权机构的程序规则只是指导人权机构运行的具体准则。所以,美洲人权法院依据《美洲人权公约》指示的临时措施与非洲人权和民族权法院依据《关于建立非洲人权和民族权法院的议定书》指示的临时措施对于法律约束力存在的争议较少。

美洲与非洲人权保护机制虽然诞生时间比欧洲人权保护机制晚,但美洲人权保护机制与非洲人权机制敢于通过条约、议定书对临时措施作出明确规定,这与欧洲人权保护机制中的做法相比具有很大的进步。虽然,欧洲人权法院通过马塔库洛夫与阿斯卡诺夫诉土耳其案将《欧洲人权公约》认定为欧洲人权法院指示临时措施的法律约束力的来源,但现实是《欧洲人权公约》并没有任何关于临时措施的规定。相比之下,正是因为美洲与非洲人权保护机制通过条约、议定书对临时措施作出了具体规定,才增强了美洲人权法院与非洲人权和民族权法院所指示临时措施的法律约束力,减少了部分国家对临时措施法律约束力的质疑。

四、适用频率与效率的减弱

（一）频率的减弱

欧洲人权保护机制中个人申诉制度的成熟为临时措施的产生提供了重要的基础。2014 年,欧洲人权法院受理个人申诉案件数量近 70 000 件,而在 1998 年 11 月 1 日之前,也就是在《欧洲人权公约第 11 号议定书》生效之前,欧洲人权法院所受理的个人申诉案件总共不超过 800 件。从 2006 年至 2013 年,向欧洲人权法院提出临时措施请求的数量增长超过 4 倍。仅 2013 年,欧洲人权法院指示临时措施就超过 100 起,平均三天指示一项临时措施。2014 年,欧洲人权法院共指示临时措施超过 210 起。1974 年至 2013 年是欧洲人权保护机制中临时措施数量迅速增长的时间段,其间欧洲人权委员会与欧洲人权法院共同要求或指示临时措施有2 000多起。这一数据超过了同期联合国人权保护机制、美洲人权保护机制以及非洲人权保护机制中所有临时措施的总数。临时措施数量的井喷一方面是因为个人申诉案件的增多,另一方面也反映了个人权利保护意识的不断加强。这充分体现了临时措施在欧洲人权保护机制中担任着越来越重要的角色。当然,临时措施请求的不断增多确实影响了欧洲人权法院处理临时措施的工作效率,这其实也是欧洲人权法院高频高效适用临时措施时所带来的副作用。

2008年至2014年欧洲人权法院同意或拒绝临时措施的数量如图Ⅱ所示:

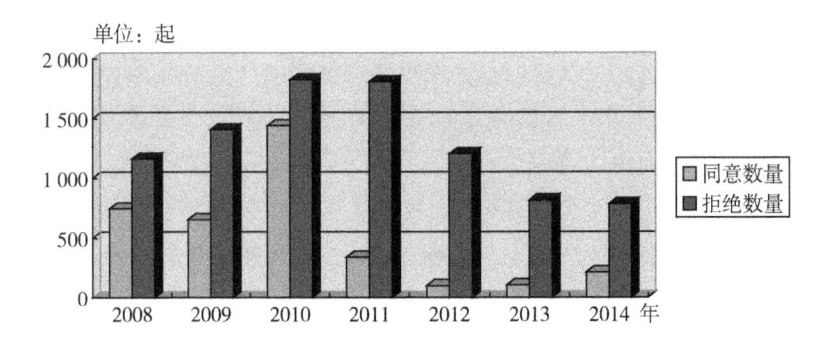

图Ⅱ 2008—2014年欧洲人权法院同意或拒绝临时措施数量

2008年至2014年美洲人权保护机制中产生的临时措施数量如图Ⅲ所示:

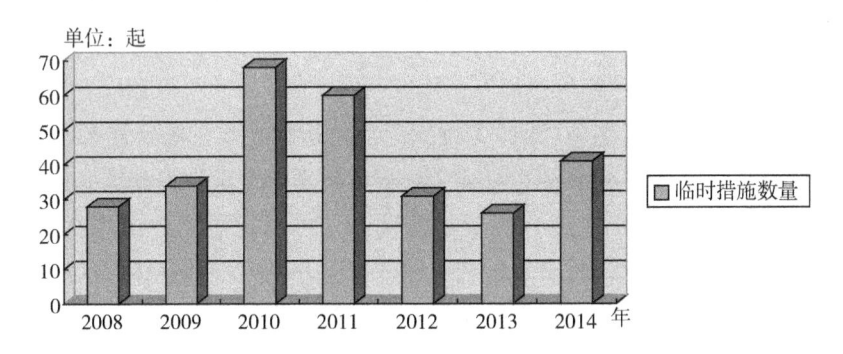

图Ⅲ 2008—2014年美洲人权保护机制中产生的临时措施数量

在非洲人权保护机制中,2012年共产生426件个人申诉案件,其中210件结案。在结案的210件个人申诉案件中,非洲人权和民族权委员会共要求临时措施22起。此外,在审理上述个人申诉案件时,非洲人权和民族权委员会向非洲人权和民族权法院共提交2件个人申诉案件,非洲人权和民族权法院均依据非洲人权和民族权委员会指示临时措施。2012年之前,非洲人权和民族权委员会要求的临时措施总数还不到100起,非洲人权和民族权法院指示的临时措施更是鲜有发生。

通过上述数据与图表可以得知,欧洲人权保护机制中诞生的临时措施数量比同期美洲与非洲人权保护机制中诞生的临时措施数量都要庞大。鉴于临时措施与个人申诉制度之间的关系，上述的分析也从一个层面反映了欧洲人权保护机制中个人申诉制度的健全。

（二）效率的减弱

1998年，欧洲人权委员会撤销之后，欧洲人权法院在指示临时措施效率方面出现了更大的飞跃。目前，欧洲人权法院在面对临时措施请求主体提出临时措施请求时，只需要临时措施请求主体能够提供证据初步证明紧急且极端严重情势的存在，并可能对其产生不可恢复性损害。欧洲人权法院都会在极短的时间内作出指示临时措施的决定，一般1~3天。例如，在马塔库洛夫与阿斯卡诺夫诉土耳其案中，欧洲人权法院在收到临时措施请求之后几小时内便指示临时措施，而且临时措施不到十分钟便传递至土耳其。其要求土耳其不得驱逐马塔库洛夫与阿斯卡诺夫出境，这足以凸显欧洲人权法院指示临时措施的高效。

在康卡等人诉比利时案中，欧洲人权法院再一次体现了自己在处理临时措施方面的高效。1999年10月4日，康卡等人委托律师要求欧洲人权法院于1999年10月5日指示临时措施。1999年10月5日16点30分，比利时政府得知欧洲人权法院指示的临时措施，获悉欧洲人权法院要求比利时政府停止驱逐行为。同日18点11分，欧洲人权法院再次向比利时政府确认了临时措施的相关内容。从欧洲人权法院收到临时措施请求，到欧洲人权法院第二次向比利时政府确认其是否获悉了临时措施的具体内容，总共不到两天，足见欧洲人权法院处理临时措施请求之高效。

在非洲人权保护机制中，非洲人权和民族权法院在指示临时措施方面就不如欧洲人权法院迅捷。在非洲人权和民族权委员会诉大阿拉伯利比亚人民社会主义民众国案中，到非洲人权和民族权法院指示临时措施之后的第八天（2011年3月25日至2011年4月2日），利比亚才获悉非洲人权和民族权法院指示的临时措施内容。而这样的情况在欧洲人权保护机制中是鲜有发生的。

实际上，欧洲人权保护机制中临时措施的高效高频与其成熟的个人申诉制度是分不开的。欧洲人权法院受理个人申诉案件的暴增，也带动了欧洲人权法院指示临时措施数量的激增。这就使得欧洲人权法院有机会在实践中不断完善指示临时措施的程序、标准以及各种具体规定，并因此成为其他区域人权保护机制效仿的榜样。有学者曾称，欧洲人权法院在个人申诉案件中指示的临时措施是一种全新的"斯特拉斯堡方法"，为全球人权的保护提供了一条全新的路径。因为"斯特拉斯堡方法"能够很好地保护个人申诉中个人或个人团体的权利，尤其是当个人或个人团体的权利处于紧急且极端严重的情势之时。

第四章
亚洲人权保护机制[①]中引入临时措施的讨论

1952年,亚洲及太平洋区域和平会议上发表了《关于民族独立问题的建议》,虽然围绕的中心议题是民族独立与民族解放,但未曾料想到此次会议却影响了亚洲之后的人权保护活动并为之提供了很好的铺垫。[②] 1955年,万隆会议发表的《亚洲会议最后公报》体现了亚洲区域对个人权利保护意识的觉醒,而欧洲早已于1951年通过了《欧洲人权公约》,并于1953年生效。1986年,名为"促进和保护亚洲及太平洋地区区域安排"的第41/153号决议,又将个人权利的保护提上了日程。1993年6月,两百多个人权组织共同发表了《亚洲人权:为了人的尊严而斗争》,以促使亚洲政府为保护人权建立区域性政府组织,并开始采取行动。2005年,在万隆会议召开50周年之际,日本学者倡导重提"和平共处"与"平等互惠"的原则,在此基础上建立非霸权国家。2005年11月22日,在亚洲议会和平协会(AAPP)第六届会议上通过的《亚洲国家人权宪章》应该是亚洲区域第一部涉及整个亚洲区域人权保护的宪章。《亚洲国家人权宪章》共26页,由序言,基本权利,权利、义务和责任,国际合作,人权专家技术委员会及保留五部分组成。《亚洲国家人权宪章》在强调自决权,国家独立、主权和领土完整这些集体权利的同时,对生存权、发展权、教育权这些微观权利作出了规定。

亚洲区域相关人权宣言及宪章的不断出台,极大地丰富了人权和基本自由的外延,同时也增强了亚洲区域人权保护与国际区域人权保护的互动机制,使得

[①] 实际上,亚洲并不存在与欧洲类似的人权保护机制。本文中,笔者之所以采用"亚洲人权保护机制"一词,一是因为亚洲人权保护机制已初具雏形,正在不断地朝着成熟的亚洲人权保护机制发展;二是为了与第二章、第三章的标题达成一定的一致。

[②] 中国著名和平人士宋庆龄、郭沫若、彭真、刘宁一等十一人代表中国人民的意志,并根据世界和平理事会和国际和平保卫者的热诚建议,于1952年3月联名邀请亚洲和太平洋区域的和平人士共同发起了这次会议。1952年10月2日至12日亚洲及太平洋区域和平会议在北京召开,参加会议的有:中、苏、朝、蒙、印、日、澳、智利和墨西哥及美洲太平洋沿岸的三十七个国家的代表。

亚洲区域的人权保护慢慢地走向了正规化。

从上面的论述可以看出，与欧洲、美洲以及非洲人权保护机制相比，亚洲人权保护机制尚不完善、不成熟，也没有临时措施的土壤——个人申诉制度。但是二战后的亚洲确实正在不断地走向法治，不断地探索并意图建立适合本区域的人权保护机制，并开始模仿其他区域的具体人权制度。

第一节　引入临时措施之动因与可能性

现阶段的亚洲人权保护机制就如同早期的欧洲、美洲以及非洲人权保护机制一样，特别渴望建立完整的人权保护机制，这种渴望推动着亚洲人权保护机制不断走向完善。单以临时措施为例，其他区域人权保护机制也是从零开始，不断摸索才达到了现在的高度。同时，亚洲人权保护机制的建立必然要经历阵痛与煎熬，但所有这些都无法阻挡国际法治环境下亚洲人权保护机制的建立。一旦亚洲人权保护机制建立，那随之而来的各种具体人权保护措施也必应运而生，其中就包括个人申诉制度。这样一来，基于个人申诉制度的临时措施也就有了产生的可能。所以对亚洲人权保护机制而言，临时措施的产生只是时间问题，随着个人基本权利在国际法上受重视的程度不断增加，临时措施产生的可能性也不断增加。

一、引入临时措施之内外动因

亚洲人权保护机制引入临时措施的必要性存在于两个方面：内因与外因。

（一）内因

二战后，战争的停息带来了略微的安宁，但亚洲践踏人权的事件仍时有发生。1996年至2007年，缅甸、印度尼西亚等地区发生过多起侵犯人权事件。其中，"黑色五月暴动"[1]尤为严重，造成了印度尼西亚地区大规模的迫害与屠杀。[2]面对印度尼西亚如此行径，由多个侨团组成的"纽约华人抗议印尼虐华事件联合会"到印尼驻纽约使馆门前举行大示威；向联合国人权委员会、美国国会及议员呼吁，向印尼当局施加压力，谴责印尼暴徒暴行。

---

[1] 常松，慕容.黑色的五月——印尼暴徒残害华人暴行真相[M].北京：中国广播电视出版社，1998.

[2] 1997年的亚洲金融危机给印度尼西亚经济发展造成重创，30年的繁荣一朝终止，货币贬值、经济萧条、物价上涨、民怨沸腾。

在"黑色五月暴动"中,个人生命权、健康权、不受非人道对待的权利以及财产权均受到了严重的侵犯,而且上述侵犯行为几乎主要发生在1998年5月13日至5月15日三天之间,危害之大已经可以与战争比肩。由此可以发现,"黑色五月暴动"中个人或个人团体的权利处境完全符合"紧急且极端严重"与"可能遭受不可恢复性损害"两项条件,而这两项条件是人权司法机构与人权准司法机构要求或指示临时措施时的主要标准。针对"黑色五月暴动"类似事件,临时措施虽然不一定能达到完美效果,但是从其他区域人权保护机制的实践来看,其确实可以很好地缓和与降低此类事件所造成的危害。"黑色五月暴动"虽然已经过去,但是亚洲的人权现状并没有臻于完美[①],而且无法保证此类事件不再发生。总而言之,亚洲区域人权的现状作为内在的诱因呼唤临时措施的诞生。

(二)外因

面对其他区域人权保护机制中临时措施的不断完善,亚洲人权保护机制必然要在融入与不融入这股潮流中作出抉择。而实际上,其他区域人权保护机制的发展历史已经说明了亚洲人权保护机制只能选择融入其中,并慢慢地建立具有自身特点的临时措施。

20世纪50年代,欧洲人权委员会第一次要求相关国家采取临时措施;同时,欧洲人权保护机制时刻关注联合国人权保护机制中临时措施的发展动向。美洲人权保护机制紧随其后。20世纪90年代初,美洲人权委员会第一次要求相关国家采取临时措施。20世纪90年代末,非洲人权和民族权委员会开始要求相关国家采取临时措施。随着时间的推移,各个人权保护机制便仿佛涟漪一般,一个接一个地吸收并借鉴联合国人权保护机制中临时措施的相关规定,甚至主动借鉴了国际法院、联合国人权机构在相关案例中的做法来为自身人权保护机制中的临时措施提供法律约束力的支持。随着人本化的深入,个人或个人团体的权利在国际法上不断得到重视,有理由相信临时措施这一特殊的制度必定会在国际法上有所作为。而亚洲人权保护机制作为世界上覆盖人口最多的人权保护机制,在面对其他区域人权保护机制中临时措施相继诞生时,也会有所反思。

目前,临时措施确实在各人权保护机制中发挥着重要的作用,其对处于紧急且极端严重情势之下人权的保护是一般人权保护方式无法相比的。也正因此,

---

① 随着亚洲政府人权意识的提高,人权活动的频繁举行,亚洲整体的人权状况得到了极大的改善,但是大规模的侵犯人权的事件仍时有发生。

临时措施才得以在国际人权保护机制中呈现"燎原之势"。相信亚洲人权保护机制作为国际人权保护机制中的重要组成部分,在其他人权保护机制的影响下,其临时措施的诞生不会太遥远。

二、引入临时措施的可能性

亚洲人权保护机制的每一次发展、每一次进步都会缩短亚洲人权保护机制与临时措施之间的距离。近年来,亚洲次区域人权保护机制的蓬勃发展也推动着亚洲人权保护机制的发展。这些都将增加亚洲人权保护机制引入临时措施的可能性。

(一)《东盟人权宣言》的通过带来了新曙光

《东盟人权宣言》重新整合了亚洲区域的人权保护理念,带来了全新的人权构想。《东盟人权宣言》的起源要从《东南亚国家联盟宪章》(后简称《东盟宪章》)谈起。《东盟宪章》又被称《亚细亚宪章》,是东盟成立40年以来第一份具有普遍法律约束力的里程碑式文件,对各成员国均具有约束力,并且赋予了东盟法人的地位,掀开了东盟发展的新篇章。① 2007年11月2日,成员国领导人签署《东盟宪章》之后,各成员国需要按照各自国内法规定批准这一文件,批准书交存东盟秘书长保存,秘书长每收到一份批准书就应通知所有成员国,《东盟宪章》在第十份批准书提交给东盟秘书长保存之日后第30天生效。2008年11月14日,泰国向秘书长提交批准书,这正是"第十份批准书"。2008年12月15日,《东盟宪章》正式生效。"支持民主、法治和宪政,保护并促进人权和基本自由"成为《东盟宪章》的核心宗旨之一,《东盟宪章》中还规定东盟应成立人权机构,该人权机构职权范围以及运作程序应当由东盟外长级会议确定。《东盟宪章》中并没有明确的规定要设立"东盟人权委员会",但是在起草时,学者曾建议在宪章中明确规定应设立"人权委员会"。最后,经过反复协商,只是决定设立"人权机构",而这个人权机构实际只是一个泛泛机构②,是各国妥协之后的结果,与一般意义上的人权委员会完全不同。2012年,东盟十国领导人在柬埔寨首都金边举行年度峰会

---

① 《东盟宪章》的出台经历了很长的过程,可以总结为五个阶段:(1)2004年11月,《万象行动计划》提出了制定《东盟宪章》的设想。(2)2005年12月,《吉隆坡宣言》制定10人"名人小组",为宪章制定提供意见。(3)2007年1月,东盟领导人签署关于制定《东盟宪章》的宣言并制定10人"高级特别小组"负责宪章起草。(4)2007年7月,"高级特别小组"向东盟外长会议提交宪章草案。(5)2007年11月2日,东盟领导人在新加坡签署《东盟宪章》。

② 李霖.亚洲区域人权保护机制研究[J].西安电子科技大学学报(社会科学版),2014,24(5):76-83.

期间签署了《东盟人权宣言》①,旨在东盟地区实现和平与稳定,并计划2015年12月31日作为设立东盟共同体的最后期限。

《东盟人权宣言》作为亚洲次区域的人权保护文件,虽然不会直接促进亚洲人权保护机制的建立,但是其中对人权保护的呼吁必定会引起亚洲区域国家对人权的共同重视。《东盟人权宣言》是亚洲区域近几年来最受关注的人权保护文件,其所表达的人权标准虽然与国际社会普遍接受的人权标准之间显然存在一定的差距,但是《东盟人权宣言》很可能成为一个有法律约束力的东盟人权保护文件的铺垫。②《东盟人权宣言》的生效,再一次提醒了亚洲国家建立亚洲人权保护机制的必要性,而亚洲人权保护机制是临时措施存在的前提。换句话说,《东盟人权宣言》在精神层面间接地推动了临时措施在亚洲人权保护机制中的萌发。其实,不仅仅是《东盟人权宣言》,现在亚洲区域不断涌现的人权保护文件都在为临时措施在亚洲生根发芽提供营养。

(二)亚洲次区域人权保护机制的蓬勃发展

与亚洲人权保护机制相比,次区域人权保护机制因为地缘接近、文化共通、历史背景相似等因素的存在,其人权活动更为活跃,次区域层面的人权成果也更容易被本区域内国家接受。目前,亚洲比较典型的次区域人权保护机制中有以下几类:

(1)东南亚地区人权保护机制。东南亚国家联盟(后皆简称东盟)于1961年,由马来亚③、泰国和菲律宾在曼谷成立,时称"东南亚联盟"。1965年,马来西亚与新加坡分治,东盟陷入瘫痪,直到1967年8月6日,印尼、新加坡、菲律宾、泰国四国外长与马来西亚副总理在曼谷举行会议,于8月8日通过了《东南亚国家联盟成立宣言》。④ 1996年,中华人民共和国成为东盟全面对话伙伴,自此中

---

① 《东盟人权宣言》包括以下几个部分:(1)序言。主要强调在接下来推动人权和基本权利发展的作用及努力,加强与《东盟宪章》等条约的联系。(2)一般原则。强调天赋人权,人人生而自由,个人的权利不因种族、性别、国籍等因素的不同而有所差别,然后对人权及基本自由进行了概括性的列举。其中规定为了保证其他个体的基本自由,为了满足国家安全、公共秩序、公共健康、公共安全、公共道德以及民主国家的共同福利的条件,可以通过法律对人权和基本自由进行必要的限制。(3)公民权利和政治权利。《东盟人权宣言》在制定之初,就坚持以世界人权标准为制定基础。《东盟人权宣言》对《世界人权宣言》中所确认的公民权利和政治权力进行保护,这是东盟在人权保护方面与世界接轨的重要举措。(4)经济、社会和文化权利。同样以《世界人权宣言》为标准,在内容上并没有实质性突破。(5)发展权。东盟的整体经济水平的缓慢发展就决定了东盟都发展的渴望,所以发展权的规定与东盟自身的经济及文化有很大关系。(6)和平的权利。(7)在促进和保护人权方面合作。

② 徐鹏.《东盟人权宣言》及其评价[J].法学论坛,2013(5):149.

③ 马来亚是马来西亚的前身,马来西亚于1963年9月16日成立。

④ 当时签字的外长有:印度尼西亚政治常务部长兼外交部长,马来西亚副总理兼国防和国家发展部部长,菲律宾外交部长,新加坡外交部长,泰国外交部长。

国、日本与韩国通过"10+3外长会议"展开与东盟的交流与协商。1995年,在非政府组织亚洲及太平洋法律协会人权常任委员会努力下,同年7月成立了东盟人权保障机制工作委员会。1998年,马尼拉召开的第31届外长级会议对这个由非政府组织自发成立的工作委员会表示一直认可,该工作委员会提交了《为设立东盟人权保障机制而决定有关政策的概要》。2000年7月,在曼谷召开的第33届外长级会议上,东盟人权保障机制工作委员会提交了《东盟人权委员会设立协议(草案)》。2008年12月15日《东盟宪章》正式生效。"支持民主、法治和宪政,保护并促进人权和基本自由"成为《东盟宪章》的核心宗旨之一。

有学者认为,《东盟人权宣言》中的一些原则和条款可能会影响甚至削弱《世界人权宣言》中所包含的普遍人权和基本自由。但东南亚地区人权保护机制中的《东盟人权宣言》确实是目前亚洲次区域人权保护机制中最成熟的人权文件,对推动亚洲人权保护机制所带来的积极意义是毫无疑问的,对整个全球人权保护事业的发展都是利大于弊的。

(2) 阿拉伯地区人权保护机制。阿拉伯国家联盟成立于1945年3月[①],其目的在于保证成员国达成协议的实施,增强成员国之间的联系,并且能够对与阿拉伯国家有关的事项和利益进行监督。1994年9月15日,最早版本的《阿拉伯人权宪章》产生,但是并没有国家批准。2004年,修改之后的版本经阿拉伯国家联盟理事会通过。2008年3月15日,七个阿拉伯国家联盟提交批准书之后生效。《阿拉伯人权宪章》中规定,成员国应当向阿拉伯国家联盟秘书长提交国家报告,然后由阿拉伯联盟秘书长基于自己考虑将报告提交阿拉伯人权委员会。国家报告分为两种,初步报告与定期报告,初步报告应当在宪章生效之后三年内,定期报告以三年为一周期。阿拉伯人权委员会负责对国家报告进行审查并且公开提交年度报告,其中应当包括事实的结论和建议。

阿拉伯国家联盟与非政府组织之间也有很多合作,2013年2月16日至2月18日,国际人权联合会、阿拉伯人权组织、开罗人权研究中心与埃及个人权利倡议组织在开罗举行了名为"阿拉伯国家联盟:人权和公民社会——挑战"的会议。其中,阿拉伯国家联盟秘书长重申其对建立阿拉伯人权法院的意愿,阿拉伯联盟则认为阿拉伯人权法院的建立将涉及《阿拉伯人权宪章》的修改,时机尚未成熟。阿拉伯地区人权保护机制是目前亚洲次区域人权保护机制中较早建立具

---

① 最开始的六个国家为:外约旦(1949年改名为约旦)、沙特阿拉伯、伊拉克、黎巴嫩、叙利亚共和国、也门。2011年11月,叙利亚共和国会员资格被暂停,但阿拉伯国家联盟已有22个会员国,中东与北亚地区大部分国家都已加入阿拉伯联盟。

体人权保护措施的,《阿拉伯人权宪章》中国家报告制度的设立方式为亚洲人权保护机制引入具体的人权保护措施起到了很好的先例作用。

(3)南亚地区人权保护机制。南亚区域合作联盟(SAARC)是南亚地区最主要的区域性组织,由印度、巴基斯坦、不丹、孟加拉国、尼泊尔、斯里兰卡、马尔代夫组成。南亚区域合作联盟有两部专门性人权条约:《禁止和消除以卖淫为目的买卖妇女儿童的南亚区域联盟条约》和《关于促进南亚儿童福利的地区协定的南亚区域合作联盟条约》。第一部条约着重保护妇女及儿童的权利,使被贩卖的妇女和儿童能够回到原籍地,防止妇女和儿童被贩卖。第二部条约重点是保障儿童的基本人权与以后生存发展的权利,如果单看上述两部条约的内容,其中都没有任何关于人权具体实施机制的成分,基本都是对权利的简单罗列和陈述。[1]《南亚社会宪章》在伊斯兰堡召开的第12届首脑会议上获得通过。《南亚社会宪章》共12条,第1条总则规定:缔约国为确保各国人民享有全面均衡的社会发展……缔约国必须建立有利于社会发展的、以人民为中心的机制。这里也只是表达了一种建立人权保护机制的愿望。《南亚社会宪章》中并没有对实体权利的保护给出切实可行的机制或方案,这是目前南亚区域合作联盟的核心问题,其实也是整个亚洲次区域人权保护的通病。

东南亚、阿拉伯以及南亚地区人权保护机制的发展共同推动着亚洲人权保护机制的发展与前进。而对于临时措施而言,成熟的亚洲人权保护机制是其存在的前提。虽然目前亚洲次区域人权保护机制的发展无法给亚洲人权保护机制带来最直观的效力,但是却可以实现一定区域内国家对人权保护的共识,为以后亚洲人权保护机制的建立扫除意识上的障碍。可以做一个简单的比喻,亚洲众多的国家就如同一个大的"班级",想在短期实现这个"班级"中的所有国家对人权问题达成普遍的共识是具有一定难度的。但是如果将这些班级分成若干"小组",每一个小组经过讨论协商对人权问题达成一致则是比较容易的。然后几个小组各派出代表,各自代表以本小组的公共意识为出发点,再与其他小组所派出的代表达成一致也是比较容易的。这种递进的金字塔式协商方式可促进亚洲国家对人权问题更快达成一致,也是亚洲人权保护机制发展可以选择的道路。

虽然在亚洲人权保护机制尚未完全建立的前提下讨论临时措施的引入可能有点言之过早,但近几年亚洲人权保护机制的不断发展已经开始为这种引入扫除障碍。作为东南亚地区人权保护机制人权保护文件的《东盟人权宣言》,其影

---

[1] 李霖.亚洲区域人权保护机制研究[J].西安电子科技大学学报(社会科学版),2014,24(5):76-83.

响力已经突破了东南亚地区,在整个亚洲区域都产生了较大影响,次区域人权保护机制的发展也迫使亚洲人权保护机制开始不断地思索人权进步之路。所有这一切都在为亚洲人权保护机制引入临时措施等具体人权保护措施提供坚实的现实基础,更增加了临时措施在亚洲人权保护机制生根发芽的可能性。

第二节　引入临时措施过程中的意识与现实障碍

二战以后,区域人权保护机制与联合国人权保护机制齐头并进。其中,欧洲人权保护机制最为成熟,其次分别是美洲和非洲。与欧洲、美洲和非洲人权保护机制已经先后取得的历史性或阶段性成就相比,构建亚洲人权保护机制的整体进展仍然相对滞后。[①] 这里面既有意识原因,也有现实困难。其中,意识原因主要是指各国在主权与人权问题上的意识冲突,而现实障碍主要是指亚洲人权保护机制自身的不完善。

一、亚洲困境中主权与人权意识层面之冲突

所谓的亚洲困境,就是亚洲弥漫着硝烟的过往历史,使如今的亚洲国家无法摆脱独立、主权以及经济问题而去独立地思考保护个人或个人团体的权力。[②] 目前,亚洲人权保护机制已现雏形,但是亚洲国家始终将独立、主权以及经济发展等问题一并放入相关的人权文件中。而这种关注独立、主权以及经济发展的人权观念,就很可能造成主权与人权意识层面的冲突。

20世纪50至60年代,当欧洲、美洲先后制定区域性人权公约并逐步建立起各自的人权保护机制时,亚洲某些国家依旧仍然是西方国家的殖民地。此刻的它们根本无暇顾及个人或个人团体权利的保护问题,在它们的眼中实现民族解放与独立,保证本国的主权独立和领土完整才是首要大事。20世纪中后期,亚洲大部分国家刚刚获得独立,正在为经济复兴与民族觉醒绞尽脑汁,但亚洲国家并没有放弃对人权保护的不断追求。

纵观亚洲人权保护机制初期的历史,从1955年万隆会议开始,"和平共处五项原则"便成为亚洲区域人权活动的主题,而且始终将尊重主权与领土完整放在

---

① 毛俊响,党庶枫.亚洲区域内人权保护的新动向:《东盟人权宣言》评析[J].西部法学评论,2014(3):105-116.
② 段青.安全化困境:亚洲的视角[M].杭州:浙江大学出版社,2010.

首位。直到2005年万隆会议召开50周年之际,日本学者又再次倡导重提"和平共处"与"平等互惠"。可以说,从20世纪50年代到2005年11月22日《亚洲国家人权宪章》通过之时,亚洲区域国家关心的主要议题就是"国家主权、和平与安全、国家发展",对于人权的讨论也基本是隐含在这些内容之下,并没有对个人基本权利单独进行讨论。① 实际上,亚洲区域国家在涉及人权问题时,多从宏观出发,以主权为背景进行人权的分析,强调主权与人权的紧密联系。亚洲历史的发展经历让亚洲国家知晓,没有主权的国家,人权保护便也难以实现。

其实,这也反映了国际人权保护发展的几个阶段。第一个阶段,争取国家主权独立与领土完整,是国家进行其他一系列问题的前提,这一阶段可以看作人权保护的预备阶段;第二个阶段,在宏观层面上对人权进行保护。大规模人权侵犯事件是最容易引起国家关注的,因此国家在采取人权保护的行动时也一般以大规模人权侵犯事件入手;第三个阶段,个人基本权利开始受到国家重视与保护。在一国人权普遍得到保护的前提下,国家才有精力与能力开始关心个人或个人团体的权利受侵害的事件,临时措施也正是诞生在这一阶段中。对于亚洲区域的大多数国家来说,现在可能仅仅到第二个阶段。亚洲区域的国家已经基本实现了主权独立与领土完整,目前的问题便是解决区域武装冲突所造成的大规模人权侵害事件。当然也有亚洲国家较早地接受了临时措施。例如,菲律宾是《公民权利和政治权利国际公约任择议定书》的缔约国,并自愿接受联合国人权事务委员会的管辖②,所以菲律宾是有可能在个人申诉案件中被联合国人权事务委员会要求采取临时措施的国家。菲律宾的这一举措从侧面反映了亚洲区域大部分国家对保护个人或个人团体权利的谨慎态度。

其实,在主权得不到保证的情况下,人权的保护只能是一句空话,所以主权的完整与独立是人权得到良好保护的必要前提。同时,试图依靠别国对本国的人权进行保护也是存在诸多隐患的,所以只有在一国主权独立的前提下,通过自身能力来实现人权的保护才是最可靠、最有效的。③ 总而言之,主权的存在是实现人权保护的必要条件,没有独立主权的存在,人权的保护也就会演变成别的国家对该国的政治干涉。当主权的问题得到真正的解决,亚洲区域国家的人权保护便开始跨过第二阶段,进入第三阶段,那个时候,临时措施诞生的可能性又会

---

① 李霖.亚洲区域人权保护机制研究[J].西安电子科技大学学报(社会科学版).2014,24(5):76-83.
② 菲律宾于1989年8月22日加入。
③ 江国青.保护人权:现代法治的一个主题——纪念《世界人权宣言》五十周年[J].外交学院学报,1998(4):6.

增加几分。

二、人权条约与人权机构的双重缺失

目前,亚洲人权保护机制中几乎不存在任何具体的人权保护措施[①],当然也就不存临时措施,究其根本原因就在于亚洲人权保护机制自身的不完善。其实临时措施的诞生大概需要经过以下流程:人权条约的缔结→人权机构的建立→人权保护机制的建立→个人申诉制度的实施→临时措施的产生。依靠此流程对比现阶段亚洲人权保护机制,便可以发现亚洲人权保护机制自身不完善的原因。

(一)人权条约的缺失

目前亚洲人权保护机制中存在的主要人权保护文件主要有以下内容:1993年6月,200多个人权组织共同发表了《亚洲人权:为了人的尊严而斗争》;2005年11月22日,在亚洲议会和平协会第六届会议上通过的《亚洲国家人权宪章》,是亚洲区域第一个较为全面的人权保护宪章。亚洲人权保护文件的不断涌现似乎给亚洲人权保护带来了春天,但如果细读内容便会发现,这些人权保护文件与其他区域人权保护机制中的人权保护文件存在本质区别。亚洲人权保护机制中的人权保护文件在内容上只是对个人基本权利的陈述,其中并没有就个人基本权利的保护建立相应的人权机构,也没有设置相应的人权保护措施。在效力上,亚洲区域人权保护文件也没有勇气去宣誓自身对亚洲区域国家的法律约束力,更多的是倡议。在起草、制定以及通过机关上,大多是非政府组织参与其中,很少有亚洲区域国家直接参与其中。总而言之,亚洲区域目前通过的人权保护文件根本不属于人权条约,顶多算是具有倡议性或号召性的一般文件。

而亚洲次区域人权保护机制中通过的人权保护文件主要有:①1967年8月8日通过的《东南亚国家联盟成立宣言》(《曼谷宣言》);②2012年,东盟十国领导人在柬埔寨首都金边举行年度峰会期间签署的《东盟人权宣言》;③2004年,阿盟通过的基本涵盖国际人权两公约所列权利的综合性人权公约《阿拉伯人权宪章》;④2004年1月在伊斯兰堡召开的第12届首脑会议上通过的《南亚社会宪章》。上述人权保护文件与亚洲人权保护文件相比都有了很大的进步,首先,内容上涉及具体人权机构的建立,在《阿拉伯人权宪章》中甚至涉及了国家报告制

---

① 阿拉伯区域人权保护机制中存在国家报告制度。亚洲人权保护机制以及其他次区域人权保护机制中便完全不存在任何具体的人权保护措施。

度的建立。其次,效力上亚洲次区域人权保护文件也有所加强,在本区域人权保护有一定的效力,但这种效力并不如《欧洲人权公约》或《美洲人权公约》一般强硬,在效力上实现了折中。最后,在起草、制定以及通过机关上,大多是国家直接参与,这也说明了次区域国家对次区域人权保护文件的认可。

亚洲及其次区域人权保护机制中存在如此众多的人权保护文件,却并不是真正意义上的人权条约,在内容上、效力上以及起草、制定与通过机关上皆是如此。亚洲及其次区域人权保护文件的软弱使得亚洲人权保护机制的建立成了一句空话,这样一来临时措施的讨论也变成了空中楼阁。

（二）核心人权机构的缺失

亚洲及其次区域人权保护机制中确实存在一些人权机构,例如,东盟人权委员会[①]以及阿拉伯人权委员会。东盟人权委员会虽然是政府间人权机构,但其产生经历了一个长期的博弈过程,结果是东盟人权委员会的职责主要是起草宣言、协调各国人权之间活动以及组织召开会议等,也不是一般意义上的人权委员会。阿拉伯人权委员会可以说最接近一般意义上的人权委员会,并且可以在人权保护的某些方面发挥实实在在的作用。《阿拉伯人权宪章》的生效使阿拉伯地区建立起了围绕阿拉伯人权委员会为核心的国家报告制度,这在亚洲地区是首创,也是亚洲出现的首个与其他人权保护机制中的人权机构类似的人权机构。其实,欧洲、美洲以及非洲人权保护机制中的人权委员会一般是根据人权公约、人权条约或是宪章建立,而亚洲区域的人权委员会中只有阿拉伯人权委员会符合这一条件。在职能方面更是相差甚远,东盟人权委员会更像是人权保护的宣传机构,宣传与倡议几乎构成了两者的全部工作内容。

第三节　构建成熟亚洲人权保护机制，培植临时措施土壤

在亚洲人权保护机制不成熟的前提下讨论临时措施引入的策略是不现实的,下面从如何构建成熟的亚洲人权保护机制入手,探讨如何为临时措施在亚洲生根发芽提供养料。

[①] 2000年7月,在曼谷召开的第33届外长级会议上,东盟人权保障机制工作委员会提交了《东盟人权委员会设立协议(草案)》,直到2009年,在第十五届东盟峰会上,东盟领导人签署了《东盟政府间人权委员会成立宣言》,宣告东盟政府间人权委员会(以下简称为东盟人权委员会)正式成立。

一、增强合作意识，减少干扰因素

亚洲区域国家必须认识到，亚洲作为一个整体必然是牵一发而动全身的，任何一个区域的人权出现问题都很可能会对周边国家产生很大的负面效应。所以国家应理性地看待人权和主权的关系，在保证国家主权独立的前提下，实现人权状况的良好发展。虽然各国对人权和主权的观点迥异，但是在维护主权、保护人权这方面是没有差异的，这也是亚洲区域人权合作的思想基础。从上述角度出发，各国更应该携手合作，将人权保护事业的发展当作各国共同的事业。

只有在意识上达成一致，才有缔结区域人权条约的可能性。当然，在亚洲及其次区域人权保护机制中，各国政府与人权保护机构也曾为缔结区域人权条约做出努力，但由于多方面的原因，人权条约最后都没有颁布或出台。因此，各国应当增强合作意识，剔除政治因素对各国缔结区域人权条约意愿的干扰，真正跨出缔结区域人权条约的第一步。

二、发挥亚洲次区域人权保护机制的推动作用

亚洲次区域人权保护机制无论是在人权文件的立法上，还是人权的保护机制上都有一定的优势。目前，东盟与人权立法相关的法律文件有《东盟宪章》与《东盟人权宣言》，其中《东盟人权宣言》现已是东盟地区人权保护的重要人权文件之一。

阿拉伯国家联盟通过了《阿拉伯人权宣言》，其中所规定的国家报告制度更是开创了亚洲区域人权具体实施措施的先例。虽然《阿拉伯人权宪章》中所规定的国家报告制度的实施效果不是那么理想，但是能够将国家报告制度纳入具有普遍约束的法律文件中，已经证明了阿拉伯国家联盟在这方面的先进性。

南亚地区虽没有综合性的人权条约，但其在考虑到本区域特有的人权问题之后，也专门出台了《禁止和消除以卖淫为目的买卖妇女儿童的南亚区域联盟条约》和《关于促进南亚儿童福利的地区协定的南亚区域合作联盟条约》两项条约。

次区域人权保护的发展是否能带动亚洲人权保护机制的建立，关键还在于亚洲区域能否理性地看待次区域的积极作用，并在亚洲区域与亚洲次区域之间实现良好的协作。假若把亚洲人权保护机制看作一个生命体，次区域人权保护机构便是生命体的内脏，而这些脏器之间相互联系，决定了生命体的运行状态。不同区域人权保护机制间良好的关系建立更多在于充分沟通前提下的相互制约与促进。沟通的平台与途径就可以看作这个生命体的血管，这样

次区域的发展才能真正推动整个亚洲人权保护机制的发展。反过来,亚洲人权保护机制的成熟也必然引起次区域人权保护机制的变化,两者在这种相互促进中共同成长。

总而言之,次区域之间应当突破政治和文化的隔阂,加强人权方面的沟通和交流;次区域与整个亚洲之间也应当进行国际合作,必要时可以通过联合国督促此类合作。在人权保护领域,所有国家与区域都必须意识到,只有坚持合作才能更好地实现人权保护的目的。[①] 亚洲区域必须发挥主动性,积极地吸纳亚洲次区域人权保护机制中的合理内容,发挥亚洲次区域人权保护机制作为亚洲人权保护机制不可或缺的作用。[②]

三、对其他区域人权保护机制的借鉴

亚洲人权保护机制的发展程度与美洲及非洲相比,依然存在一定的差距,与欧洲区域人权保护机制相比可能更大。这种差距也就代表亚洲可以向其他区域借鉴与学习的空间是广阔的,而且这一方法的可行性已经通过美洲与非洲区域人权保护机制的建立得到了印证,后两者的建立很大程度上学习与借鉴了欧洲区域人权保护机制。在内容上,美洲与非洲以欧洲人权保护机制中的人权文件为条约蓝本制定了本区域的人权文件;在机构设置上,美洲与非洲也沿用了早期欧洲人权委员会与人权机构并存的机构设置。所以,亚洲也可以在自身具体需要的前提下对欧洲、美洲和非洲的人权公约进行吸收和消化。区域人权保护机制中,欧洲最为成熟,其对美洲与非洲人权保护机制的建立意义重大,美洲与非洲人权保护机制的建立与发展离不开欧洲人权保护机制的影响。因此,对亚洲人权保护机制而言,其完全可以适当地借鉴欧洲人权保护机制的建立与发展模式,再结合亚洲的具体情况,慢慢构筑具有亚洲特色的人权保护机制。

亚洲人权保护机制对其他区域人权保护机制的借鉴应该从两个方面入手。首先,人权条约与人权机构的程序规则方面。因为这两者皆可以看作区域人权保护机制的核心内容,同时也是人权司法机构或人权准司法机构要求或指示临时措施的法律约束力来源。其次是机构设置方面,最开始也可以适当地采用双轨制。先建立相应的人权委员会,待时机成熟推动人权司法机构的建立,最后慢慢地建立以人权司法机构为核心的人权运行与实施机制。当然,"橘生淮南则为

[①] 谷盛开.国际人权对话与合作的法律与政策思考[J].国际论坛,2000(4):19-24.
[②] 谷盛开.亚洲区域人权机制:理念与构建[J].现代国际关系,2006(2):20-26.

橘,生于淮北则为枳"。① 所以,亚洲在建立自己的人权保护机制时切不可盲目地生搬硬套,求急求快;而应当结合自身政治、历史、文化以及法律的特点进行选择性的吸收与借鉴,这样才能够实现整个过程的良性化与有序化。

四、我国在亚洲人权保护机制中的积极实践

(一)推进国际人权保护文件国内实施

我国在改革开放以来批准或加入的国际人权保护文件数量非常庞大②,这从侧面反映了我国对人权保护的高度重视以及积极参与国际人权活动的热情。我国在批准或加入如此众多的国际人权保护文件之后,积极主动地履行国际人权保护文件中规定的各项义务,不断推进国际人权保护文件在国内的实施。③2004年3月,"国家尊重和保障人权"正式被载入我国的宪法,这是我国法律中首次将保护人权的相关的内容纳入法律。2012年3月,《中华人民共和国刑事诉讼法》再次将"尊重和保障人权"写入总则。2011年,《刑法修正案(八)》一次性取消了13种经济性非暴力犯罪的死刑,凸显了对尊重与保障人权的法治精神。④2014年11月《刑法修正案(九)》公布,随后在《关于〈中华人民共和国刑法修正案(九)(草案)〉》的说明中强调了"进一步强化人权保障,加强对公民人身权利的保护"。此外,我国也出台了《国家人权行动计划(2009—2010)》与《国家人权行动计划(2012—2015)》。其中,《国家人权行动计划(2012—2015)》中规定:坚持将尊重和保障人权的原则贯穿于立法、行政和司法各个环节之中,加强对权力的监督和制约⑤,并将人权事业与经济建设、政治建设、文化建设、社会建设以

---

① 《晏子春秋·杂下之十》:"婴闻之:橘生淮南则为橘,生于淮北则为枳,叶徒相似,其实味不同。所以然者何?水土异也。"
② 我国自改革开放至今批准或加入的国际人权文件主要有:《消除对妇女一切形式歧视公约》(1980)、《消除一切形式种族歧视国际公约》(1981)、《关于难民地位的公约》(1982)、《关于难民地位的议定书》(1982)、《防止及惩治灭绝种族罪公约》(1983)、《禁止并惩治种族隔离罪行国际公约》(1983)、《1949年日内瓦四公约关于保护国际性武装冲突受难者的第一和第二附加议定书》(1983)、《禁止酷刑和其他残忍、不人道或有辱人格的待遇或处罚公约》(1988)、《男女同工同酬公约》(1990)、《儿童权利公约》(1992年)、《就业政策公约》(1997)、《最低就业年龄公约》(1999)、《经济、社会及文化权利国际公约》(2001)、《禁止和立即行动消除最恶劣形式的童工劳动公约》(2002)、《〈儿童权利公约〉关于买卖儿童、儿童卖淫和儿童色情制品问题的任择议定书》(2002)、《联合国人员和有关人员安全公约》(2004)、《跨国收养方面保护儿童及合作公约》(2005)、《消除就业和职业歧视公约》(2006)、《〈儿童权利公约〉关于儿童卷入武装冲突问题的任择议定书》(2008)、《残疾人权利公约》(2008)以及《〈联合国打击跨国有组织犯罪公约〉关于预防、禁止和惩治贩运人口特别是妇女和儿童的补充议定书》(2010)。
③ 曾令良,冯洁菡.中国促进国际法治报告(2014)[M].武汉:武汉大学出版社,2015.
④ 赵秉志.中国死刑立法改革新思考——以《刑法修正案(九)(草案)》为主要视角[J].吉林大学社会科学学报,2015,55(1):5-20+171.
⑤ 导言第三段,《国家人权行动计划(2012—2015)》。

及生态文明建设结合起来。① 2013年《中共中央关于全面深化改革若干重大问题的决定》明确提出完善人权司法保障制度,2014年10月,党的十八届四中全会通过了《中共中央关于全面推进依法治国若干重大问题的决定》,强调进一步强化人权司法保障制度。

我国还积极践行国际人权保护文件中的国际义务。例如,我国按照各人权文书审议机制的要求,成立了跨部门起草小组,认真撰写各文书的执行报告。在联合国人权理事会国别人权审查方面,我国分别于2008年和2013年向人权理事会提交了《国家人权报告》,从经济、政治、文化和生态文明建设几个方面介绍了我国的人权发展事业新进展。此外,我国于2003年和2010年向联合国经济、社会和文化权利委员会②提交了《经济、社会和文化权利国际公约》第1期和第2期履行报告。1989—2013年期间,我国共向联合国禁止酷刑委员会提交了执行《联合国禁止酷刑公约》共6次5期履行报告。③ 2013年10月22日,联合国人权理事会对我国的人权状况进行第二轮评估审议。之后,我国第二轮普遍定期审议代表团团长表示,我国对第一轮普遍定期审议④中的建议基本接受,并在国内逐步实现。

近年来,我国加快了对国际人权保护文件在国内的实施,并积极履行国际人权保护文件中的义务,这都为其他亚洲国家树立了榜样。截至2020年底,我国已制定与人权保护相关的法律400多部,这些都从国内的制度和司法层面为实施和推广国际人权保护文件提供了支撑与帮助。我国作为亚洲区域最大的发展中国家,其对国际人权保护文件的态度、看法以及反应都会对其他亚洲国家产生或多或少的影响。目前,我国在实施国际人权保护文件与践行国际人权保护文件的国际义务方面都已经为其他亚洲国家作出了表率。

(二)倡导人权保护理念,促进亚洲人权意识建立

早在《联合国宪章》及《世界人权宣言》起草和谈判的过程中,我国就强调维护国家主权、尊重国际关系基本原则与保障基本人权相统一的原则。1955年,我国在万隆会议上签署《亚非会议最后公报》⑤,其中明确将"尊重基本人权,尊重《联合国宪章》的宗旨与原则"列为和平共处十项原则的第一条。除此之外,

---

① 导言第六段,《国家人权行动计划(2012—2015)》。
② 联合国经济、社会、文化权利委员会是在联合国经济及社会理事会主持下负责监督《经济、社会、文化权利国际公约》缔约国履行公约义务情况的机构。
③ 曾令良,冯洁菡.中国促进国际法治报告(2014)[M].武汉:武汉大学出版社,2015.
④ 2009年2月,联合国人权理事会对中国人权状况进行第一轮普遍定期审议。
⑤ 1955年4月26日亚非会议闭幕时发表的公报,公报表明在求同存异的总精神的指导下,会议就亚洲国家有共同利害关系的主要问题取得了协议。

我国在涉及人权保护的各个国际场所或是国际会议中都一贯主张和倡导人权保护理念。1981年起,我国参与了联合国《发展权利宣言》的起草工作,《发展权利宣言》中关于人权保护的诸多想法都由我国提出。2014年6月,在第68届联合国大会关于"人权和法治对2015年后发展议程的贡献"高级别会议上,我国驻联合国代表发言人指出,2015年后发展议程应在前年发展目标的基础上,坚持将消除贫困、促进发展作为核心,注重解决南北发展不平衡①,缓和因经济发展不平衡带来的人权困境。2014年10月,我国常驻联合国副代表在联大三委人权议题一般性辩论发言中再次指出,只有消除暴力,人权才能得到根本保障。②

在亚洲区域,我国更是积极推动人权保护理念的深入。2005年4月23日,亚非峰会闭幕通过《亚非新型战略伙伴关系宣言》,其中指出,要"促进和保护人权和基本自由,包括发展权"。此外,我国还主办了亚太地区儿童权利国际合作高级别会议和历届北京论坛,参加了亚太人权研讨会与亚欧非正式人权研讨会,在亚洲区域积极的推动人权保护理念。

无论是在国际层面还是在亚洲区域层面,我国都一直倡导人权保护理念。尤其是在我国参加的亚洲区域或次区域的活动中,我国更是积极地推进人权保护理念,为亚洲人权保护机制中人权意识的培养做出了重要贡献。

(三)强调自主选择,尊重亚洲人权发展模式多样性

人权发展模式与各国的政治、经济与文化密切相关,所以在人权发展问题上不存在统一的模式或标准。我国在强调保障基本人权的同时,主张尊重不同区域、不同国家人权发展模式的多样性。对不同区域、不同国家根据具体情况选择的人权发展模式与人权保护模式给予相当的尊重。2005年4月23日,亚非峰会闭幕通过的《亚非新型战略伙伴关系宣言》中强调,承认区域间及区域内的多样性,促进和保护人权和基本自由,包括发展权。

充分尊重各国传统文化和价值观,尊重各国自主选择的社会制度、发展道路和人权保障模式是我国在人权问题上一直坚守的原则。亚洲人权保护机制建立的前提也应当是尊重各国选择,尊重各国自主选择适合国情的人权发展模式与人权保护模式。其实,无论各国选择何种人权发展模式与人权保护模式,其出发点都是为了完善国内的人权保护状态,而且只有在各国人权保护状态达到一定

---

① 常驻联合国代表团在第68届联大关于"人权和法治对2015年后发展议程的贡献"高级别会议上的发言。

② 常驻联合国副代表在第69届联大三委人权议题一般性辩论上的发言。

标准且对人权保护问题达到一定共识之后,才可能构建成熟的人权保护机制。当然,尊重各国的自主选择,并不等于"放纵"各国随意采取违背"保障基本人权原则"的人权发展模式与人权保护模式。总而言之,各国自主选择的人权发展模式与人权保护模式不应当与《世界人权宣言》中保障基本人权的原则相冲突。

第五章
国际人权保护机制中临时措施的困境与出路

国际人权保护机制中的临时措施为国际人权保护事业做出了巨大的贡献。但不可否认的是,国际人权保护机制中的临时措施也存在一定的问题,阻碍着国际人权保护机制的进一步发展。本章节结合前面的论述,以及第一章与第三章人权保护机制中临时措施的比较,找出国际人权保护机制中临时措施所面临的困境,并尝试性地提出几点临时措施的突破之策。此处,笔者将结合文章之前的逻辑结构[①],逐一展开。

第一节 临时措施之困境

一、临时措施的附属性

从前面的论述中可以发现,临时措施的产生以一定的制度基础为前提:①国际法院指示临时措施的制度基础是国家间的诉讼制度;②联合国人权事务委员会与联合国禁止酷刑委员会要求临时措施的制度基础是个人申诉制度;③欧洲人权法院指示临时措施的制度基础是个人申诉制度;④美洲与非洲人权保护机制中人权委员会与人权法院要求或指示临时措施的基础亦是个人申诉制度。所以,临时措施对上述两种制度具有很强的依赖性,这就是临时措施附属性的体现。而且,在《国际法院规则》中,临时措施的相关规定直接被纳入"附带程序"部分,从这也可以看出临时措施的附属性。

---

① 要求或指示临时措施的权力问题(要求或指示临时措施的机构)→条约对临时措施的规定问题(临时措施的法律约束力)→临时措施监督机制的问题。

临时措施作为一项在紧急且极端严重情势下,保证个人或个人团体的权利免于遭受不可恢复性损害的措施,其最重要的一个特征就在于及时性。而临时措施的启动一般以国家间的诉讼或个人申诉制度的存在[①]或提起为前提,这种对制度的依赖就很可能会影响临时措施的启动,从而影响临时措施作用的发挥。也正是因为临时措施的启动一般以国家间的诉讼或个人申诉的存在或提起为前提,所以,如果处于紧急且极端严重情势下的个人或个人团体,只是提出了临时措施请求,则很难被受理。以欧洲人权保护机制中的临时措施为例,欧洲人权保护机制中欧洲人权法院指示临时措施的制度基础为个人申诉制度,临时措施的启动以个人申诉的提起为前提。换句话说,如果处于紧急且极端严重情势之下的个人或个人团体只是向欧洲人权法院提出了临时措施的请求,并没有提出个人申诉,那么欧洲人权法院便很可能不会指示临时措施。所以,个人或个人团体意图向欧洲人权法院提起临时措施请求时,必须以提起个人申诉为前提。即使个人或个人团体只是想寻求暂时的帮助,并不想提起个人申诉,也必须如此。

近几年,在欧洲人权保护机制中,临时措施的请求内容主要为请求欧洲人权法院指示相关国家采取临时措施,不得随意进行驱逐。而实际上,有些国家的驱逐行为具有一定的时效性,一般都在较短的时间内、小范围内进行驱逐,而且这些驱逐行为的发生频率并不是很高。所以,对于某些国家短期内的驱逐行为,临时措施请求主体只是希望欧洲人权法院采取临时措施保护自己不被驱逐。等这段时期过后,他们也就没有了被驱逐的风险。对于此类临时措施请求的主体而言,可能根本没有提起个人申诉的必要性,因为这个时候欧洲人权法院指示的临时措施才是这些临时措施请求主体最需要的。[②]

总而言之,国际人权保护机制中临时措施所保护的主要为"处于紧急且严重情势之下,可能遭受不可恢复性"的人权。如果临时措施过度依赖相应的制度基础,必须以一定制度的提起或存在为前提,那么这势必会影响临时措施效用的发挥,这是国际人权保护机制中临时措施面临的共同困境。

二、要求或指示临时措施权力的分散

国际人权保护机制中要求或指示临时措施的机构主要有:国际法院、联合国人权事务委员会、联合国禁止酷刑委员会、欧洲人权法院、美洲人权委员会、美洲

---

① "存在"是指在国际法院中,国际法院指示临时措施的决定一般在案件审理过程中做出,这点与个人申诉制度中的临时措施略有差异,参见《国际法院规则》第73条第1款。

② 例如,在P. H.诉瑞典案中,对于难民P. H.来说,临时措施暂时的保护就足以保证他的权利。

人权法院、非洲人权和民族权委员会以及非洲人权和民族权法院。即使在同一人权保护机制中，要求或指示临时措施的机构也可以有几个。

结合前文阐述，国际人权保护机制中只有欧洲人权保护机制实现了要求或指示临时措施机构的合一，实现了要求或指示临时措施权力的统一。对于国际人权保护机制中的临时措施来说，要求或指示临时措施权力的分散可能带来以下问题。

（1）降低效率，影响临时措施作用的发挥。以区域人权保护机制为例，人权委员会与人权法院之间是存在一定联系的，在符合一定条件的情况下，人权委员会可以向人权法院提交案件。人权委员会与人权法院之间案件的转移，必然会涉及信息的传递与当事人的转移，这就难免会造成时间的损耗。临时措施的作用是保护处于紧急且极端严重情势之下的个人或个人团体的权利，使其免于遭受不可恢复性损害，而这种人权委员会与人权法院之间的案件移送所带来的时间损耗，很可能会对临时措施作用的发挥产生影响。例如，在欧洲人权委员会没有被撤销之前，由于欧洲人权委员会与欧洲人权法院之间的案件传递，部分个人申诉案件最后耗时可能达几年。[①] 如此长的时间，很难说不会影响临时措施作用的发挥。在现阶段的美洲与非洲人权保护机制中，人权委员会在符合一定条件下可以向人权法院提交案件。而所谓的一定条件一般是当事国不遵守临时措施，或发生大规模的人权侵害事件等严重事态。试想一下，个人或个人团体向人权委员会提出个人申诉，同时提出临时措施请求，后来人权委员会发现事态严重，便将案件提交人权法院，并提出指示临时措施，所消耗的时间假设为"X"；同时，假设个人或个人团体直接向人权法院提出个人申诉，并直接提出临时措施请求，所消耗的时间为"Y"。在一般情况下，"X"与"Y"的数值大小是非常明朗的。这种时间上的差异很可能会影响临时措施效用的发挥。

（2）弱化人权法院的作用。从第三章中对美洲和非洲人权保护机制中人权委员会与人权法院的讨论可以看出，人权委员会与人权法院存在"承接关系"，也就是人权委员会会在一定情况下将案件提交人权法院。"一定情况"一般是指人权委员会难以应付的情况。例如，当事国不遵守临时措施，发生大规模的人权侵害事件。从这种"承接关系"可以得知，人权法院在临时措施方面比人权委员会更有权威性。但此时人权委员会横亘在人权法院之前，一定程度上削弱了人权法院发挥自身职能的权力。此外，通过回顾欧洲人权保护机制的发展历史，可以发现人权委员会对人权法院的弱化作用。在欧洲人权委员会与欧洲人权法院并

---

① 朱晓青.欧洲人权法律保护机制研究[M].北京：法律出版社，2003.

存的岁月里,欧洲人权委员会受理并处理大部分的案件,而欧洲人权法院总共受理的案件在800件左右,其指示的临时措施数量则更少。上述的论述就足以说明人权委员会对人权法院的弱化作用了。

此处所讨论的主要为区域人权保护机制中要求或指示临时措施权力的统一问题。因为联合国人权保护机制中要求或指示临时措施的机构合一、要求或指示临时措施的权力统一存在一定的困难,后文会有相关论述。

三、条约对临时措施规定的空白

条约对临时措施规定的空白这一问题并不是国际人权保护机制中临时措施的共同问题,其主要存在于联合国人权事务委员会、联合国禁止酷刑委员会与欧洲人权法院所要求或指示的临时措施中。

目前,各人权保护机制中对临时措施的规定主要明确出现在以下文件中:《国际法院规约》、《国际法院规则》、《联合国人权事务委员会程序规则》、《联合国禁止酷刑委员会程序规则》、《欧洲人权法院规则》、《美洲人权公约》、《美洲人权委员会程序规则》、《非洲人权和民族权委员会程序规则》与《关于建立非洲人权和民族权法院的议定书》之中。[①]

由此可知,国际人权保护机制中临时措施的相关规定有相当一部分出现在程序规则中。其中,联合国人权事务委员会、联合国禁止酷刑委员会与欧洲人权法院在临时措施方面的规定皆只出现在程序规则中。由于条约对临时措施规定的缺失,一些国家便以此来质疑临时措施的法律约束力。例如,在Piandiong等人诉菲律宾案与T.P.S.诉加拿大案中,当事国便对临时措施的法律约束力提出质疑,主要原因就是:临时措施大多只是在人权机构的程序规则中加以规定,而并没有直接出现在人权条约中[②],所以,人权司法机构或人权准司法机构依据程序规则而要求或指示的临时措施之法律约束力是有疑问的。

当然,一些条约、公约或议定书也曾对临时措施作出具体规定,例如《国际法院规约》、《美洲人权公约》以及《关于建立非洲人权和民族权法院的议定书》。

虽然部分人权司法机构或人权准司法机构以判例的形式使《公民权利和政治权利国际公约》、《公民权利和政治权利国际公约第一任择议定书》、《联合国禁

---

① 此外,《美洲人权委员会规约》(1979年10月)第18条也对美洲人权保护机制中的临时措施作出具体规定,但由于《美洲人权委员会程序规则》的生效,其内容已基本被《美洲人权委员会程序规则》吸收,所以此处不予讨论。

② 联合国人权事务委员会要求临时措施的相关规定主要在《联合国人权事务委员会程序规则》中;联合国禁止酷刑委员会要求或指示临时措施的相关规定主要在《联合国禁止酷刑委员会程序规则》中。

止酷刑公约》以及《欧洲人权公约》与临时措施产生了紧密的联系,并使其成为人权司法机构或人权准司法机构要求或指示临时措施的法律约束力来源,但部分条约、公约或议定书对临时措施直接规定的空白是不争的事实。以欧洲人权保护机制为例,临时措施的直接规定存在于《欧洲人权法院规则》中,《欧洲人权公约》与其议定书中并没有出现临时措施的相关内容。正是因为这样,才出现了2005年马塔库洛夫与阿斯卡诺夫诉土耳其案之前各国对欧洲人权法院所指示临时措施的违反。

虽然国际人权保护机制中临时措施的法律约束力在学界得到了基本的认可,但是在某些国家看来,条约对临时措施规定的空白是影响临时措施法律约束力的问题之一。

四、监督机制的不完善

临时措施监督机制的不完善是国际人权保护机制中临时措施面临的共同问题。以国际法院为例,其指示的临时措施之法律约束力在国际上已经得到了普遍认可,但相关国家面对国际法院指示的临时措施时,并不一定会选择遵守。国际法院面对这种情况时除了发布行政命令外,也并没有什么措施来保证临时措施的执行。例如,1993年9月,在波黑诉塞黑案中,国际法院强调其在1993年4月所指示的临时措施应当被立刻有效地执行,这是国际法院首次在国际命令中对临时措施的执行问题作出强调[1],但效果并不理想。此后,在1999年的拉格朗案、2003年的墨西哥诉美国案以及2011年的柬埔寨诉泰国案中,国际法院不断强调各国应当遵守其指示的临时措施,并要求各国应当及时反映执行临时措施的情况,但情况依然不容乐观。即使面对各国不遵守临时措施的情况,国际法院也并没有完善的监督机制来强制相关国家予以遵守。

在欧洲人权保护机制中,欧洲人权法院所指示临时措施的法律约束力通过马塔库洛夫与阿斯卡诺夫诉土耳其案进一步升华。本案中,欧洲人权法院指出,其指示的临时措施具有法律约束力,对欧洲人权法院所指示临时措施的违反构成对《欧洲人权公约》的违反。面对极个别国家不断违反临时措施的行为,欧洲人权法院始终没有拿出合理的方案,究其根本仍然是欧洲人权保护机制中临时措施监督机制的不完善。同时,美洲人权保护机制中的H等人诉玻利维亚案与非洲人权保护机制中的非洲人权和民族权委员会诉大阿拉伯利比亚人民社会主义民众国案,都从另一个层面反映了美洲与非洲人权保护机制中临时措施监督

---

[1] 黄茜茜.国际法院临时措施制度研究[D].北京:外交学院,2014.

机制的不完善。

临时措施监督机制的不完善是国际人权保护机制中临时措施所面临的共同问题,是国际人权保护机制中临时措施的"顽疾"。监督机制对国际人权保护机制中的临时措施而言意义非凡,其就如同临时措施的坚强后盾。但现如今国际人权保护机制中临时措施监督机制的不完善,无疑削弱了临时措施的执行力,使临时措施的效果大打折扣。

第二节 临时措施之出路

国际人权保护机制中临时措施面临着一定的困境,此节中笔者试图结合上一节中临时措施的困境,尝试对临时措施的出路进行思考。

一、增强临时措施的独立性

国际人权保护机制中临时措施对制度基础的依赖一定程度上受各国国内法中的临时措施影响。因各国国内法的临时措施一般都是为了保证案件的正常审理,实现纠纷的解决,所以国内的临时措施对案件的审理过程具有很强的依附性。而国际人权保护机制中临时措施的存在有其独立的目的与初衷。国际人权保护机制中的临时措施对案件是否能够正常审理并不是十分关心,其关心与保护的重点是处于紧急且极端严重情势之下,可能遭受不可恢复性损害的个人或个人团体的权利。从这个层面上来说,临时措施关注的重点与案件是否能够正常审理并不存在必然的联系。即使案件的后期审理出现了严重的问题,临时措施依然可以发挥其保护人权的作用。也正是因为临时措施所保护的内容具有独立于案件审判的价值,增强临时措施的独立性便具有一定的积极意义。

笔者认为,建立独立的临时措施可以从以下几个方面入手。

(1)以程序规则的形式明确规定临时措施的具体内容,赋予临时措施独立的启动与运作机制。之所以通过程序规则对临时措施的独立性进行规定,主要原因有三点。其一,在联合国人权事务委员会、联合国禁止酷刑委员会以及其他区域人权保护机制中,临时措施的具体规定比较早地出现在程序规则中。所以,再次通过程序规则赋予临时措施以独立性,可看作程序规则中规定的延伸与进步。其二,与条约相比,程序规则的制定与修改较为简单,易于对临时措施的相关规定进行增补与删减。其三,程序规则能够为相关人权机构提供更详细的指引,以发挥其在要求或指示临时措施中的作用,更好地实现临时措施的独立性。

通过程序规则直接对临时措施的独立性进行规定，直接指导人权委员会与人权法院的活动，使某些情况下临时措施的启动可以摆脱制度基础的羁绊。

（2）人权委员会与人权法院在要求或指示临时措施时可以适当地放宽标准，在某些紧急情况下，可以适当考虑接受独立的临时措施请求，以实现人权保护的目的。正如前面所讨论的，某些情况下人权委员会与人权法院仅仅要求或指示临时措施，就可以很好地起到保护人权的作用，个人申诉的提起并不是必须的。如果临时措施能够慢慢地具有一定的独立性，那么在一部分案件中，欧洲人权法院只需要指示临时措施就可以很好地实现人权的保护，这样也可以降低司法成本的支出。

（3）建立临时措施的独立监督机制。[①] 临时措施的独立性不应当仅仅体现在启动与运行机制中，也应当体现在监督机制中。目前，各人权保护机制中并没有明确规定由什么机构来监督临时措施的执行，临时措施的监督一般纳入整个人权保护机制下的监督机制中予以考虑。这样很容易造成对临时措施监督的不足，使临时措施的监督机制成为空中楼阁。相比之下，针对临时措施的独立监督机制或许才是对症下药。

二、实现要求或指示临时措施权力的统一

联合国人权保护机制、美洲人权保护机制与非洲人权保护机制中存在两个或两个以上要求或指示临时措施的机构。但是在笔者看来，实现要求或指示措施权力的统一主要是针对区域人权保护机制而言的。

目前，联合国人权保护机制中要求或指示临时措施权力的统一存在一定的困难。

（1）国际法院是国际司法机构，并非专门的人权司法机构。其最主要的职能是实现国际争端的和平解决，而非单纯的人权保护。这种职能上的差异使国际法院无法与联合国人权机构中要求临时措施的机构融合。而且，国际法院在国际社会上所发挥的作用具有一定的代表性，其职能也是其他机构暂时无法替代的。所以，这种机构的合一在联合国人权保护机制中不太现实。

（2）国际法院指示的临时措施虽然涉及人权领域，但不限于人权领域，虽时有保护人权的作用，但其初衷并非如此。所以，国际法院指示的临时措施与联合国人权机构中的临时措施存在一定的差别。本书之所以将国际法院指示的临时措施纳入联合国人权保护机制中，主要是考虑到国际法院指示的临时措施对联合国人权机构与其他区域人权保护机制中临时措施的基本内容有深远的影响，

---

① 虽然国际法院以及区域人权保护机制中的人权司法机构都可以对临时措施发挥一定的监督作用，但就现状而言，效果并不理想，前文中均已有所论述。

这一点在绪论、第一章中均有提及。正是因为国际法院指示的临时措施与联合国人权机构中的临时措施存在目的与作用的差别，所以融合难以实现。

（3）国际法院与联合国人权机构在要求或指示临时措施过程中并不存在互动。相比之下，欧洲人权保护机制中欧洲人权委员会与欧洲人权法院在要求或指示临时措施方面存在很强的联系与互动。要想在欧洲人权保护机制中实现要求或指示临时措施权力的统一，关键就在于欧洲人权委员会与欧洲人权法院在要求或指示临时措施方面存在紧密的衔接。而国际法院指示临时措施的过程与联合国人权机构要求临时措施的过程完全独立，并不存在所谓的衔接与联系，故联合国人权保护机制中要求或指示临时措施权力的统一难以实现。

对于美洲与非洲人权保护机制来说，人权委员会与人权法院的合一，要求或指示临时措施权力的统一是完全有可能的，其主要原因主要有以下几点。

（1）美洲与非洲人权保护机制的建立与欧洲人权保护机制之间存在紧密的联系。美洲与非洲人权保护机制在很多方面都是借鉴欧洲人权保护机制，只是成熟程度不如欧洲人权保护机制。1998年，欧洲人权保护机制中欧洲人权委员会与欧洲人权法院实现合一，欧洲人权委员会的职能由欧洲人权法院行使，这其实也预示着美洲与非洲人权保护机制在未来的某个时刻很可能会实现人权委员会与人权法院的合一。

（2）美洲与非洲人权保护机制中的人权委员会与人权法院在要求或指示临时措施方面确实存在紧密的衔接与联系，这也为美洲与非洲人权保护机制中人权委员会与人权法院的合并提供了一定的基础。在笔者看来，美洲与非洲人权保护机制中的人权委员会与人权法院的关系一直都有欧洲人权委员会与欧洲人权法院的影子，尤其是在职能的衔接上。欧洲人权保护机制中欧洲人权委员会与欧洲人权法院的合一、要求或指示临时权力的统一，给美洲与非洲人权保护机制中人权委员会与人权法院的发展带来了一丝希望、一些思考。

（3）从美洲与非洲人权保护机制的发展趋势来看，人权法院正在发挥着越来越大的作用，尤其是在某些重大事件中。例如，非洲人权和民族权委员会诉大阿拉伯利比亚人民社会主义民众国案、非洲人权和民族权委员会诉肯尼亚共和国案以及非洲人权和民族权委员会诉利比亚共和国案。[①] 美洲与非洲人权保护

[①] 此三个案件，都是非洲人权和民族权委员会在发现案件严重的情况下将其提交至非洲人权和民族权法院，所以这充分体现了非洲人权和民族权法院在关键事件中的重要地位。此外，非洲人权和民族权委员会诉大阿拉伯利比亚人民社会主义民众国案提交至非洲人权和民族权法院的日期是2011年3月16日。非洲人权和民族权委员会诉利比亚共和国案提交至非洲人权和民族权法院的日期是2013年1月31日，两个案件的时间并不相同。

机制中人权法院在关键事件中的主要地位就表明了人权法院正在一步步强大，与欧洲人权保护机制中欧洲人权法院的地位越来越相似。

要求或指示临时措施机构的合一不仅可以简化要求或指示临时措施的流程，同时可以提高要求或指示临时措施的效率。例如，在 M.B. 等人诉土耳其案中，欧洲人权法院就充分体现了要求或指示临时措施权力统一后的优势，从收到临时措施请求到指示临时措施不过几个小时。这样高效率的处理在欧洲人权委员会与欧洲人权法院合一之前是鲜有发生的。在笔者看来，要求或指示临时措施主体的合一，实现要求或指示临时措施权利的统一是美洲与非洲人权保护机制中临时措施发展的未来趋势，也是能够更好地发挥临时措施作用的必然要求。

综上所述，实现要求或指示临时措施权力的统一更多是针对区域人权保护机制而言的，而实现联合国人权保护机制中要求或指示临时措施权力的统一存在一定的障碍。

当然，实现区域人权保护机制中要求或指示临时措施权力的统一并非一蹴而就。以欧洲人权保护机制为例，欧洲人权委员会于1954年成立，欧洲人权法院于1959年成立，而1998年欧洲人权委员会才被撤销，这期间欧洲人权法院总共等待了39年。

三、增补条约对临时措施的规定

本书所谈到的国际人权保护机制中的核心人权条约中，对临时措施缺乏直接规定的主要有：《欧洲人权公约》、《公民权利和政治权利国际公约》、《公民权利和政治权利国际公约第一任择议定书》以及《联合国禁止酷刑公约》。上述条约、公约或议定书中并未出现过"临时措施"的字样，也没有出现过对临时措施内容的表达，这也成为部分国家质疑临时措施法律约束力的主要原因之一。

在笔者看来，对《欧洲人权公约》、《公民权利和政治权利国际公约》与《联合国禁止酷刑公约》中临时措施相关规定的增补主要可以通过议定书的形式来实现。原因有以下两点。

（1）与条约、公约相比，议定书较为灵活，在某些情况下能够对条约、公约起到很好的补充作用。以《欧洲人权公约》为例，《欧洲人权公约》共有14号议定书生效。[①] 无论是在实体方面，还是在程序方面，这些已生效的议定书对《欧洲人权公约》的内容都起到了一定的增补作用，《欧洲人权公约》的完善与发展很大程

---

① 其中，《欧洲人权公约第15号议定书》与《欧洲人权公约第16号议定书》分别于2013年6月24与2013年10月2日开放签署。

度上是因为受到了《欧洲人权公约》议定书的推动。

(2) 从国际人权保护机制中临时措施的相关规定的发展历史来看,议定书确实起到过积极作用。对《公民权利和政治权利国际公约》而言,议定书的作用可能更为突出。与《欧洲人权公约》相比,《公民权利和政治权利国际公约》甚至对临时措施的制度基础(个人申诉制度)都没有规定,而是由《公民权利和政治权利国际公约第一任择议定书》作出规定,足见《公民权利和政治权利国际公约第一任择议定书》对《公民权利和政治权利国际公约》的重要性。目前,《公民权利和政治权利国际公约》已经具有两项任择议定书,其中《公民权利和政治权利国际公约第一任择议定书》创立了临时措施所依赖的制度基础——个人申诉制度;《公民权利和政治权利国际公约第二任择议定书》废止了死刑。虽然《公民权利和政治权利国际公约第一任择议定书》并没有对临时措施作出直接的规定,但其对个人申诉制度的规定为联合国人权事务委员会要求临时措施提供了重要的制度基础。

当然,通过条约或公约对临时措施作出直接规定是最佳的状态,但是条约与公约的制定、修改都较为复杂。所以,通过条约或公约对临时措施作出规定是一个较为漫长的过程,也是一个循序渐进的过程。目前来说,通过条约或公约直接对临时措施作出明确的规定可能还不太现实,但从上面的论述可以看出,议定书对于条约内容的增补意义重大。尤其是《公民权利和政治权利国际公约第一任择议定书》,虽然其中并没有规定临时措施的具体内容,但它通过缩短了《公民权利和政治权利国际公约》与临时措施之间的距离。这对《欧洲人权公约》与《联合国禁止酷刑公约》来说具有很强的借鉴意义。

另外,对国际人权保护机制中的条约、公约或议定书而言[①],可以考虑通过多种途径对不遵守临时措施的法律后果作出规定,为处罚相关国家不遵守临时措施的行为提供最直接的依据,这也成为相关机构发挥监督作用的重要依据。例如,可以对《国际法院规约》、《美洲人权公约》以及《关于建立非洲人权和民族权法院的议定书》进行适当的增补,加入不遵守临时措施法律后果的规定,明确相关国家不遵守临时措施的法律责任与制裁方式。

部分条约对临时措施相关规定的空白使得一些人权机构只能依据程序规则要求或指示临时措施,部分国家也以此为由质疑临时措施的法律约束力。部分国家坚持认为,程序规则只是机构自身运作的指导性文件,以程序规则为依据要求或指示的临时措施,其法律约束力是存在疑问的。所以,增补条约、公约或议

---

① 其中亦包括《国际法院规约》、《美洲人权公约》以及《关于建立非洲人权和民族权法院的议定书》。

定书对临时措施的规定是反驳这些国家最直接的方法。

四、完善相关监督机制

监督机制的不完善是国际人权保护机制中临时措施存在的共同问题。但因为各人权保护机制中机构、条约以及其他具体情况的差异,所以此处对针对各人权保护机制中监督机制的完善对策分别进行讨论。

(一)联合国人权保护机制——以安理会为核心完善监督机制

联合国安全理事会作为联合国的重要机构之一,其在维护和平与安全方面发挥着重要的作用,而国家对临时措施的违反很可能会触发两国之间的紧张关系。所以,从这个角度来说,联合国安全理事会确有必要对临时措施的执行发挥监督作用。而且,联合国安全理事会确有可能对当事国不遵守临时措施的行为采取一定的措施,以保证临时措施得到案件双方的遵守。

(1)联合国安全理事会发挥监督作用的职能基础。联合国安全理事会作为联合国六个主要机关之一,其职能之一是维持国际和平与安全,并且有权在维持国际和平与安全的过程中采取适当的行动以制止态势的恶化。其维持国际和平与安全的职能又具体包括以下三种:①调查。联合国安全理事会根据《联合国宪章》授权,可以对任何冲突以及可能导致冲突的情势进行调查,以判断该冲突或情势是否确存在威胁国际和平与安全的情况。②建议。联合国安全理事会有权在任何时候以及事态发展的任何阶段建议冲突各方以和平的方式解决国际争端。③制裁。联合国安全理事会在断定存在威胁国际和平与安全的情势,并且无法通过和平的方式实现该情势的解决。在此情况下,联合国安全理事会可对破坏国际和平与安全的国家实施经济制裁。如果通过经济制裁仍无法解决,联合国安全理事会有权通过决议以决定是否采取陆、海、空行动以恢复国际和平与安全。综合联合国安全理事会在维持国际和平与安全方面的职能不难看出,在国际和平与安全的现实层面发挥最直接效力的非"制裁"职能莫属。当然,联合国安全理事会对部分国家采取制裁的前提是:经过调查、建议之后,威胁国际和平与安全的因素与情势并未消减。这就表示,联合国安全理事会对部分国家的调查、建议以及制裁,实际是因为这些国家的行为对国际和平与安全构成严重的威胁。

那国家对国际法院或其他联合国人权机构要求或指示临时措施的违反是否也会对国际和平与安全构成严重的威胁?这其实是很有可能的。临时措施所针对的状态一般是紧急且极端严重的人权情势,而且从众多的案例来看,这些情势一般都发生在一国与另一国国民之间,在某些情况下会牵扯两国的关系与利益,例如拉格朗案。所以,当事国对临时措施的违反以及无视在某种程度上很可能造成或引发国与国之间的紧张关系,如果不加以控制或协调,这种态势很可能会扩大或蔓延至更广的范围,甚至影响国际和平与安全。联合国安全理事会针对这种情况,依据《联合国宪章》的授权,完全有可能针对不遵守临时措施的国家采取行动,以发挥自身维持国际和平与安全的职能。而且,在联合国人权保护机制下,当事国对临时措施的违反实际上构成了对《国际法院规约》《公民权利和政治权利国际公约》与《联合国禁止酷刑公约》的违反。联合国安全理事会作为联合国机构里面的监督与制裁机构,其也有责任对当事国的此类行为采取一定措施,以儆效尤。

(2)联合国安全理事会发挥监督作用的信息基础。《国际法院规约》第41条第2款规定,国际法院应将临时措施的决定通知联合国安全理事会。《国际法院规则》第77条规定,国际法院指示临时措施之后,应将相关资料通过秘书长转交联合国安全理事会,联合国人权事务委员会与联合国禁止酷刑委员会也应将其指示临时措施的相关资料递交联合国安全理事会。所以,联合国安全理事会对联合国人权保护机制中的临时措施的发生以及遵守有比较全面的了解,这也为联合国安全理事会发挥相应的监督与处罚职能提供了信息基础。因此,一旦发生国家不遵守临时措施的行为,联合国安全理事会完全可以根据已获得的信息,评估国家对临时措施的遵守情况,并采取相应的措施。

联合国安全理事会作为维持国际和平与安全的重要机构,面对当事国对临时措施的违反基本未采取任何有效的行动与制裁措施,这实际上也助长了部分国家无视临时措施的气焰。随着国际人权法的不断健全,关于临时措施法律约束力的讨论已经慢慢在学界取得了一致,在实践操作中也在慢慢发生变化。在这样的一种发展趋势下,相信联合国安全理事会也会在临时措施的执行中逐渐发挥着应有的作用。

(二)欧洲人权保护机制——以欧洲委员会为核心完善监督机制

总体而言,欧洲人权法院对其指示的临时措施具有一定的监督作用。例如,欧洲人权法院在指示临时措施之后会对当事国是否遵守临时措施进行监督评估,要求相关国家向欧洲人权法院说明其对临时措施的执行情况,但这种监督力度比较有限。在笔者看来,对现阶段的欧洲人权保护机制而言,可以适当考虑发挥欧洲委员会的监督职能,以完善欧洲人权保护机制中临时措施的监督机制。在讨论欧洲委员会的监督职能时,欧洲委员会的最高决策和执行机构——欧洲委员会部长委员会是不能避开的,下面展开分析。

(1)欧洲委员会部长委员会的监督职能。欧洲委员会发挥监督作用的职能基础主要源自欧洲委员会部长委员会对个人申诉案件的监督职能。欧洲委员会部长委员会是1949年依据《欧洲委员会规约》建立的,隶属于欧洲委员会,其构成、职能、权力及责任均由《欧洲委员会规约》规定,与《欧洲人权公约》的内容无关。但欧洲委员会部长委员会作为欧洲委员会的决策和执行机构,其设置目的也是为了支持欧洲委员会的行为,所以欧洲委员会部长委员会与《欧洲人权公约》实际联系紧密。《欧洲人权公约第14号议定书》之后的《欧洲人权公约》中第46条至第48条以及第54条是关于欧洲委员会部长委员会职能的规定,由此使欧洲委员会部长委员会与欧洲人权法院也产生了紧密的联系。这里着重讨论欧洲委员会部长委员会与欧洲人权法院在指示临时措施方面的联系。欧洲人权法院指示临时措施之后,需要通知欧洲委员会部长委员会,由欧洲委员会部长委员会来确认相关国家是否遵守了临时措施,这一点类似于欧洲委员会部长委员会对个人申诉案件判决之后的监督职能的发挥。

欧洲委员会部长委员会在个人申诉案件中的监督作用如图Ⅳ所示:

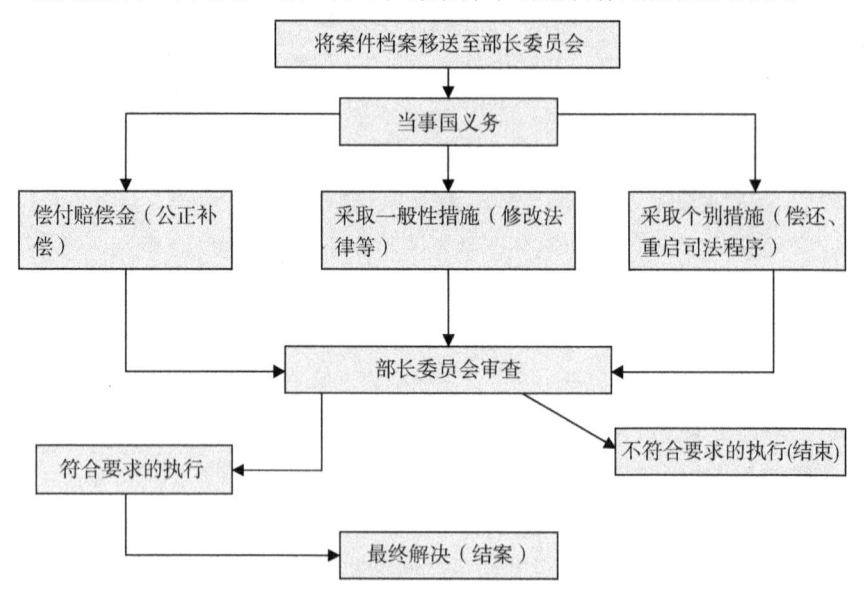

图Ⅳ 欧洲委员会部长委员会在个人申诉案件中的监督程序图

欧洲委员会部长委员会的监督主要是个人申诉案件已经审判结束之后的执行阶段。欧洲委员会部长委员会的监督职能并非是单向的,而是具有相对健全的监督反馈机制,其在监督的过程中能够与欧洲人权法院形成很好的互动。既然欧洲委员会部长委员会能够在个人申诉案件审判执行过程中发挥监督作用,而欧洲人权法院指示的临时措施又同样可以被看作个人申诉制度的一部分,那么欧洲委员会部长委员会也应当具有监督临时措施执行情况的权力。而且,现实中欧洲委员会部长委员会也确实有权力对当事国是否遵守临时措施加以确认。

(2) 欧洲委员会的监督职能。当欧洲委员会部长委员会发现欧洲人权法院指示的临时措施并没有被相关国家遵守时,欧洲委员会部长委员会应当将其所掌握的信息或情况向欧洲人权法院与欧洲委员会反映,以期待欧洲人权法院与欧洲委员会采取相应的措施。而欧洲人权法院与欧洲委员会相比,欧洲委员会对不遵守临时措施的国家作出制裁的可能性更大。因为在个人申诉案件中,欧洲委员会可以对未遵守欧洲人权法院判决的国家进行制裁,严重者会被欧洲委员会开除,并且该国被开除之后在欧洲将被视为"被轻视的国家"。而临时措施可以看作个人申诉的组成部分,所以欧洲委员会面对不遵守临时措施的国家时具有制裁的可能性。当然,如果针对未遵守临时措施国家采取相同程度的处罚未免过于严重,所以针对未遵守临时措施的国家,欧洲委员会可以适当地予以警告、罚款或是联合相关的成员国进行适当的经济制裁,假若后果确实严重则可考虑进行更严重的处罚。对于屡次不遵守临时措施相关规定的国家,欧洲委员会可以考虑适当加重处罚程度。目前,对个人申诉案件判决的监督机制已经比较成熟,下一步就是如何将这一套监督机制灵活运用到对临时措施的监督中。

无论是发挥欧洲委员会部长委员会的监督职能还是发挥欧洲委员会的监督职能,其最终都是以欧洲委员会为核心。所以,在完善欧洲人权保护机制中临时措施的监督机制时,可以考虑围绕欧洲委员会为核心进行构建。

(三) 美洲人权保护机制——以美洲国家组织为核心完善监督机制

美洲人权委员会与美洲人权法院均可要求或指示临时措施,但建立的监督机制应当仅仅针对美洲人权法院指示的临时措施,这是由美洲人权委员会与美洲人权法院在临时措施方面的承接关系决定的。例如,如果美洲人权委员会要求的临时措施被相关国家违反,那么美洲人权委员会可以寻求美洲人权法院的救济,而不需要所谓单独的监督机制。通过前面美洲人权委员会与美洲人权法院在临时措施方面的联系可以看出,美洲人权法院对相关国家是否遵守美洲人权委员会要求的临时措施可起到一定的监督作用。相比之下,针对美洲人权法院所指示临时措施的监督机制并不成熟。因此,此处讨论的问题主要是针对美洲人权法院所指示临时措施的监督机制的建立。

(1) 美洲国家组织发挥监督作用的职能基础。美洲国家组织(OAS)[1]是一个以美洲国家为主要成员的国际组织,总部位于美国华盛顿,成员为美洲的34个独立国家外加60个常任观察员。[2] 美洲国家组织的主要职权有:①维持与加强美洲地区大陆的和平与安全;②保证成员国之间通过和平的方式解决争端;③会员国遭受侵略时,可进行组织救援活动;④谋求解决成员国之间的政治、经济、法律问题;⑤促进各国间经济、社会、文化的合作,加速美洲国家一体化进程。而个人申诉案件中的当事国对临时措施的不遵守很可能会引发美洲地区的动荡。所以,当美洲国家组织面对部分国家不遵守临时措施的行为时,可以评判该国不遵守临时措施的行为是否构成对美洲地区和平与安全的影响,然后根据具体情况考虑是否采取措施。

(2) 美洲国家组织发挥监督作用的信息基础。《美洲人权公约》与《美洲国家组织宪章》皆规定,美洲人权法院应当在美洲国家组织大会召开定期会议之前,向美洲国家组织大会递交报告;其中应当涉及美洲人权法院在美洲国家组织大会召开例会期间的工作、处理的基本案件、指示的临时措施、各国对判决以及临时措施的遵守情况,以及美洲人权法院针对未遵守判决以及临时措施的行为所采取的对策。这也就保证了美洲国家组织能够对美洲人权法院指示的临时措施的基本情况有全面的了解,这对美洲国家组织发挥监督作用来说异常重要。只有当美洲国家组织掌握了美洲人权法院指示临时措施的基本情况以及相关国家对临时措施的遵守情况,才能保证美洲国家组织在发挥监督作用时的公正与公平。所以,美洲人权法院根据《美洲人权公约》与《美洲国家组织宪章》的规定向美洲国家组织提交的报告,为美洲国家组织发挥监督作用提供了重要的信息基础。

目前,美洲国家组织并没有对不遵守临时措施的国家采取过制裁措施,但是历史上美洲国家组织确实对某些不合作的美洲国家采取过制裁措施,其中最严厉的便是终止会员国身份。对被终止会员身份的国家而言,伤害是极其严重的,相当于被排挤出了美洲,对其政治、经济以及文化方面的打击是非常大的。

当然,如果个人申诉案件中的当事国未遵守临时措施,但并没有造成大规模

---

[1] 1890年4月14日,在华盛顿,美国同拉美17个国家举行的第一次美洲国家会议时,决定建立美洲共和国商务局,这便是美洲国家组织的前身。此后,4月14日被定为"泛美日"。1948年在哥伦比亚波哥大举行的第九次会议上,通过了《美洲国家组织宪章》,遂改称为美洲国家组织。1967年第三次泛美特别会议通过了宪章修改议定书,规定以"美洲国家组织大会"取代"美洲国际会议",常设机构改称"秘书处",1970年生效。美洲国家组织是目前美洲地区会员国最广泛的政府间组织,其在美洲地区具有很高的声誉。

[2] 中华人民共和国于2004年5月26日成为该组织常任观察员。

的安全或社会问题,美洲国家组织也可以采取相应较轻的措施对当事国进行处罚,例如警告、惩罚或是经济类的制裁。

美洲国家组织作为美洲地区重要的区域性国际组织,在美洲的经济、政治、文化以及人权发展方面都作出过巨大的贡献。从上面的分析也可以看出,美洲国家组织无论是在职能方面还是在信息方面都可以发挥自己的优势,为美洲人权保护机制中临时措施的执行做出一定的贡献。

(四)非洲人权保护机制——以非洲联盟为核心完善监督机制

非洲人权和民族权委员会与非洲人权和民族权法院均可要求或指示临时措施,但建立的监督机制应当仅仅针对非洲人权和民族权法院指示的临时措施。这主要是由非洲人权和民族权委员会与非洲人权和民族权法院在临时措施方面的承接关系决定的。如果非洲人权和民族权委员会要求的临时措施被相关国家违反,那么非洲人权和民族权委员会可以寻求非洲人权和民族权法院的救济,而不需要所谓单独的监督机制。非洲人权和民族权法院对相关国家是否遵守非洲人权和民族权委员会要求的临时措施可起到一定的监督作用。相比之下,针对非洲人权和民族权法院所指示临时措施的监督机制并不是十分成熟。所以,此处讨论的问题主要是针对非洲人权和民族权法院所指示临时措施的监督机制的建立。在这一问题上,美洲人权保护机制与非洲人权保护机制具有相似的地方。

(1)非洲联盟发挥监督作用的职能基础。非洲联盟作为非洲区域历史最久、会员国最广泛[1]的政府间组织,其行为获得相关国家认可的可能性最高,所以由非洲联盟来担任监督职能的实施机构更容易获得非洲区域国家的认可。此外,以非洲联盟为核心建立监督机制完全符合非洲联盟的任务。非洲联盟的主要任务是:①维护和促进非洲大陆的和平与稳定;②推进改革进行;③减少贫苦,实现非洲发展与复兴;④团结非洲;⑤在维护地区安全以及减少战乱与冲突方面发挥积极作用。所以,在人权方面发挥其职能是非洲联盟不可推卸的责任,而保证非洲人权和民族权法院指示的临时措施被相关国家遵守,则是保护人权的重要内容。实践中,非洲联盟可以通过决议来激励国家尊重并遵守非洲人权和民族权法院的判决,也可以在某些情况下采取必要行动,迫使相关国家遵守非洲人权和民族权法院的决定或判决。

从某种程度来说,违反非洲人权和民族权法院所指示临时措施的行为既可以看作无视甚至践踏人权的行为,也可以看作对《关于建立非洲人权和民族权法

---

[1] 摩洛哥1986年因抗议西撒哈拉以国家名义加入非洲联盟而退出;2017年1月31日,摩洛哥重新加入非盟的申请被批准。

院的议定书》与《非洲人权和民族权宪章》的违反。所以,非洲联盟有权力对相关国家不遵守临时措施的行为进行处罚,例如,警告、罚款以及要求相关国家承诺不再犯等。非洲联盟应当根据相关国家不遵守临时措施所产生不利后果的严重性来进行相应的处罚,而不应仅仅停留在传统的处罚模式上。从联合国以及其他区域对违法条约的处罚方式来看,经济制裁是最有效最直接的方式之一,而且非洲联盟具有广泛的会员基础,对相应的国家采取一定的经济制裁是完全有可能的。

(2)非洲联盟发挥监督作用的信息基础。非洲人权和民族权法院基于请求或自身对相关因素的考量而指示临时措施后,应立即通知案件双方当事人,要求相关当事国按照临时措施内容行事。此外,非洲人权和民族权法院还应当将其所指示临时措施的内容通知非洲人权和民族权委员会、非洲联盟执行理事会以及非洲联盟委员会,其一是为了备案,其二是为了尽可能地发动相关机构来监督相关国家对临时措施的遵守情况。例如,非洲人权和民族权委员会如果发现相关国家未遵守非洲人权和民族权法院指示的临时措施,应及时将情况向非洲人权和民族权法院反应。另外,非洲人权和民族权法院在向非洲联盟提交的年度报告中应当包括:①其指示临时措施的情况;②相关国家不遵守临时措施的情况以及非洲人权和民族权法院对此的意见。从非洲人权和民族权法院向非洲联盟提交报告这一行为便可以发现,非洲人权和民族权法院与美洲人权法院具有一定的相似之处。而且,非洲人权和民族权法院指示临时措施的基本情况、相关国家不遵守临时措施的情况以及非洲人权和民族权法院对此的意见都包括在报告当中,这些信息对非洲联盟发挥其监督作用来说意义重大。所以,从非洲人权和民族权法院指示临时措施开始,到相关国家对临时措施的执行过程,再到相关国家对临时措施的执行结果,非洲联盟都有相应的途径获得相应的信息,这就为非洲联盟发挥其监督机制提供了充分的信息基础。

一套完整监督机制的建立必须依附于某个核心机构,而非洲人权保护机制中临时措施监督机制的内核必然是非洲联盟。非洲联盟不仅对临时措施各方面信息都有全面的掌握,最主要的是,非洲联盟是目前非洲区域最具有权力的政府间组织。这也为其实施相应的监督措施提供了权力支撑,而这才是监督机制能否有效的真正关键。

总而言之,临时措施的监督机制,实际就类似于国内法中监督处罚机制的建立,就如同国内法中国家强制力具体化的表现。在这一方面,国际法与国内法所追求的目的是一致的,都是希望能够依靠高效的监督机制将机构的决定或判决切切实实地转化成当事双方遵守审判的行为。而在国内,国家强制力赋予了法院判决有效的监督机制,警察、监狱等各种机构都是国家强制力的具体化表现;试想一下,如果没有警察与监狱,还有谁会惧怕法律,谁会遵纪守法?所以对任何一个决定或判决而言,有效的监督机制是法律的最后一道防线;没有了监督,没有了处罚,任何判决都只是宣告,并不会对案件当事人的权利状态产生任何影响。

但有一点必须清楚,制裁未遵守临时措施的当事国并不是临时措施的初衷,制裁的真正目的是督促或迫使相关国家对临时措施的遵守。因为临时措施所保护的是不可恢复性的权利,所以即使国际人权保护机制在后期的发展中建立了完整的监督机制,并对未遵守临时措施的国家进行了处罚,但这并不能使人权的状态恢复到最原始的状态。例如,当生命权被剥夺之后,无论何种方式的制裁都无法弥补生命的逝去。所以,监督机制对于国际人权保护机制中的临时措施而言并非万全之策,对临时措施而言,其目的在于实现个人或团体的人权保护,而非惩罚与制裁不遵守临时措施的国家。

结论

临时措施就像一粒种子,在联合国、欧洲、美洲以及非洲人权保护机制中生根发芽;同样都是临时措施,因为生长的"水土之异",各有特色。

联合国人权保护机制中的临时措施其实有两种:一种是国际法院在行使其诉讼管辖权时指示的临时措施,其双方当事人皆是国家。当然,本书讨论的是国际法院以保护人权为目的而指示的临时措施,前文中已经多次强调。另一种是联合国人权机构要求的临时措施。例如,联合国人权事务委员会与联合国禁止酷刑委员会在受理个人申诉案件中要求的临时措施。两种临时措施在要求或指示标准上并没有太大差别,其差别主要体现在制度基础、要求或指示临时措施的机构性质上。

欧洲人权保护机制中的临时措施依附于个人申诉制度,是区域人权保护机制中临时措施的典型状态。而且,在《欧洲人权公约第11号议定书》生效之后,欧洲人权保护机制实现了人权保护机构的司法化与合一化,这是其他区域人权保护机制暂时没有达到的。所以,在欧洲,个人或个人团体拥有向欧洲人权法院直接提起个人申诉的权利,而且欧洲人权法院强制管辖权的确立也使得缔约国无法以无管辖权为由逃避追诉。实际上,没有了欧洲人权委员会的欧洲人权保护机制,其中的临时措施变得更纯粹、更简单、更高效。欧洲人权保护机制中临时措施的内容与发展,对美洲与非洲人权保护机制中临时措施的内容与发展具有深远的影响。

在美洲人权保护机制中,临时措施的具体内容首先出现在区域人权公约——《美洲人权公约》中,这是美洲人权保护机制比欧洲保护机制先进的地方。在笔者看来,虽然美洲人权保护机制成熟得较晚,但是它敢于去学习,去借鉴,敢于在学习、借鉴其他人权保护机制的基础上实现突破,这是非常可贵的。正是因为《美洲人权公约》对临时措施作出的明确规定,才使得美洲人权法院所指示临时措施的法律约束力受到了较少的质疑。

非洲人权保护机制中的临时措施仿佛一个正在长大的孩子,虽然诞生不久,却渴望能够扛起重担。在非洲人权保护机制中,非洲人权和民族权委员会在临时措施中依然发挥着重要作用,与非洲人权和民族权法院紧密联系。非洲人权保护机制中的临时措施现在所经历的一切,与欧洲、美洲人权保护机制中的临时措施所经历的一切有很多相似的地方。随着时间推移,非洲人权保护机制中临时措施不断走向成熟,非洲人权和民族权法院也终会占据非洲人权保护机制中的制高点;而非洲人权和民族权委员会也将在完成自己的使命后,走上与欧洲人权委员会相同的路途。

而亚洲人权保护机制中临时措施的空白,就如同海绵一样,使亚洲有机会在吸收足够多的经验之后构建只属于自己的临时措施。目前,亚洲人权保护机制的不完善是其引入临时措施的障碍之一。但《东盟人权宣言》的通过,给亚洲人权保护机制的完善提供了进一步的基础。亚洲次区域人权保护机制的发展也给亚洲人权保护机制的发展提供了助推力。现阶段的亚洲,虽然没有成熟的人权保护机制,没有类似其他人权保护机制中的人权委员会与人权法院,但一直在进步。相信随着时间的推移,亚洲人权保护机制会愈加成熟完善,而我国在其中必将发挥着重要作用。

无论在哪一种人权保护机制中,临时措施就像是立在个人之前的盾牌,不允许任何国家侵犯个人或个人团体的权利。经过时间的考验,临时措施确实在人权保护的最前线发挥了重要的作用。但临时措施自身的某些问题仍然像顽疾一样阻碍着临时措施效用的发挥,这些问题也就确定了临时措施下一步努力的方向。临时措施只是众多具体人权保护措施中的一种,若想真正发挥此类具体人权保护措施的效用,单靠人权司法机构与人权准司法机构是远远不够的。只有依靠牢固的监督机制,才能避免临时措施法律约束力的弱化与虚无,而加强临时措施监督机制的建立很可能是国际人权保护机制下一个努力的方向。

主要参考文献

(一) 专著

[1] 万鄂湘,郭克强. 国际人权法[M]. 武汉:武汉大学出版社,1994.

[2] 万鄂湘. 欧洲人权法院判例评述[M]. 武汉:湖北人民出版社,1999.

[3] 王铁崖. 国际法[M]. 北京:法律出版社,1995.

[4] 王铁崖. 国际法引论[M]. 北京:北京大学出版社,1998.

[5] 王家福,刘海军. 中国人权百科全书[M]. 北京:中国大百科全书出版社,1998.

[6] 朱奇武. 中国国际法的理论和实践[M]. 北京:法律出版社,1998.

[7] 白桂梅,龚刃韧,李鸣,等. 国际法上的人权[M]. 北京:北京大学出版社,1996.

[8] 艾周昌,郑家馨. 非洲通史(近代史)[M]. 上海:华东师范大学出版社,1995.

[9] 谷盛开. 国际人权法:美洲区域的理论与实践[M]. 济南:山东人民出版社,2007.

[10] 朱晓青. 欧洲人权法律保护机制研究[M]. 北京:法律出版社,2003.

[11] [美]托马斯·伯根索尔. 国际法人权概论[M]. 潘维煌,顾世荣,译. 北京:中国社会科学出版社,1995.

[12] [英]马尔科姆·N·肖. 国际法[M]. 北京:北京大学出版社,2005.

[13] [英]奥本海. 奥本海国际法:第一卷 第一分册[M]. [英]詹宁斯,修订. 王铁崖,陈公绰,汤宗舜,等,译. 北京:中国大百科全书出版社,1995.

[14] 阎学通. 中国国家利益分析[M]. 天津:天津人民出版社,1996.

[15] 李步云. 人权法学[M]. 北京:高等教育出版社,2005.

[16] 李龙.法理学[M].武汉:武汉大学出版社,2011.

[17] 曾令良.欧洲共同体与现代国际法[M].武汉:武汉大学出版社,1992.

[18] 曾令良.国际法学[M].北京:人民法院出版社,中国社会科学出版社,2003.

[19] 曾令良,饶戈平.国际法[M].北京:法律出版社,2005.

[20] 刘杰.国际人权体质——历史的逻辑与比较[M].上海:上海社会科学院出版社,2000.

[21] 徐显明.国际人权法[M].北京:法律出版社,2004.

[22] 段洁龙.中国国际法实践与案例[M].北京:法律出版社,2011.

[23] [意]安东尼奥·卡塞斯.国际法[M].蔡从燕,等,译.北京:法律出版社,2009.

[24] 黄惠康,黄进.国际公法、国际私法成案选[M].武汉:武汉大学出版社,1987.

[25] [奥]曼弗雷德·诺瓦克.民权公约评注:联合国《公民权利和政治权利国际公约》[M].毕小青,孙世彦,译.北京:生活·读书·新知三联书店,2003.

[26] [荷]C.德·罗威尔.服务与保护:适用于警察和安全部队的人权和人道主义法[M].毕小青,译.北京:中国社会科学出版社,2000.

[27] 周叶中.宪法学[M].北京:高等教育出版社,北京大学出版社,2005.

(二)论文

[1] 徐振东.欧洲理事会的人权保障机制——以《欧洲人权公约》为中心[D].厦门:厦门大学,2006.

[2] 张磊.外交保护国际法律制度研究[D].上海:华东政法大学,2010.

[3] [日]稻正数,铃木敬夫.亚洲人权保障机制研究[J].法治湖南与区域治理研究,2011,4(4).

[4] 古祖雪,柳磊.影响人权条约国家间指控机制实施效果的因素[J].太平洋学报,2008(11):13-20.

[5] 朱力宇,沈太霞.《欧洲人权公约第14号议定书》的实施效果及其对我国的启示——以欧洲人权法院对个人申诉的过滤为视角[J].人权,2001(3):49-54.

[6] 李少军.论国家利益[J].世界经济与政治,2003(1):4-9+77.

[7] 李晶珠,王伟,赵海峰.非洲人权与民族权法院:国际人权保护体制的新篇章[J].法律适用,2005(6):90-93.

[8] 刘杰敏,张晓明.美洲区域人权保护机制析论[J].华南理工大学学报

（社会科学版），2012,14(1):64-68.

[9] 张华.论《里斯本条约》生效后欧洲人权保护机制的一体化趋势[J].国际论坛,2011,13(3):20-25+79-80.

[10] 曾令良.当代国际法视角下的和谐世界[J].法学评论,2008(2):10-17.

[11] 曾令良.现代国际法的人本化发展趋势[J].中国社会科学,2007(1):89-103+207.

[12] 贺鉴.论欧洲人权保护中的个人申诉制度及其对非洲的借鉴作用[J].当代法学,2002(1):106-108.

[13] 郭曰君,杜倩.论欧洲理事会的经济和社会权利的集体申诉制度[J].广州大学学报(社会科学版),2012,11(1):16-21.